Bienvenue à Barcelone

Les cheminées de la Casa Mila, par l'architecte Antoni Gaudí.
R. Dirscherl/age fotostock

BARCELONA TOUR

Arriver à Barcelone

EN AVION

Aéroport de Barcelona-El Prat – À 16 km au sud-est de la ville. La majorité des grandes compagnies arrivent au terminal T1.
Aéroport de Girona – À 95 km au nord-est de Barcelone, desservi par les compagnies « low-cost ». Rens. : 902 404 704 - www.aena-aeropuertos.es

De l'aéroport de Barcelona-El Prat

En bus – L'**Aerobús A1** (terminal T1) et **A2** (terminaux T2B et T2C) conduisent à la plaça de Catalunya *via* la plaça Universitat en 35mn. Fréquence : ttes les 5-10mn entre 5h35 et 1h (de l'aéroport), 5h et 0h30 (du centre-ville). Tarif : 5,90 € AS, 10,20 € AR (valable 15 jours). Rens. : www.aerobusbcn.com.
En train – Il mène à la gare de Barcelona Sants (18mn) et Passeig de Gràcia (26mn). Dép. du T2 (service de navette depuis le T1) ttes les 30mn, de 5h42 à 23h38 (aéroport) et de 5h13 à 23h14 (Barcelona Sants) - 4,10 €. Rens. : www.renfe.es.
En métro – La L9 relie le centre-ville à l'aéroport (T1 et T2) en 32mn depuis Zona Universitària. Fréquence : ttes les 7mn. Rens. : www.tmb.cat.
En taxi – Comptez 25-35 € les jours ouvrables pour le centre-ville, 30-40 € le soir, w.-end et j. fériés.

Les fameux réverbères du passeig de Gràcia.
B. Merle / Photononstop

De l'aéroport de Girona

En bus – La Cie **Sagalés** (902 130 014 - www.www.sagalesairportline.com) relie l'Estació del Nord à Barcelone (1h15 ; 16 € AS, 25 € AR).

EN TRAIN

Gare de Barcelona Sants – Pl. dels Països Catalans - www.renfe.com. Elle est desservie par 2 lignes de métro : la **L3** (ligne verte, dir. Trinitat Nova), dessert la Rambla, la plaça de Catalunya et les stations Passeig de Gràcia et Diagonal ; la **L5** (ligne bleue, dir. Horta), traverse l'Eixample *via* Diagonal et Sagrada Família.

EN VOITURE

De l'autoroute AP7, suivez la direction centre-ville pour aboutir sur la **Meridiana**, large avenue qui conduit à la **plaça de las Glòries Catalanes**. Peu avant celle-ci, sur la droite, la **carrer Aragó** conduit au centre-ville ; il est temps de chercher un parking.

Transports en commun

Transports Metropolitans de Barcelona *– www.tmb. cat (p. 129). Billet 2,15 € ; T-Dia (1 j.) 8,40 € ; T-10 (10 trajets) 9,95 € ; carte Hola BCN 14,50 € (2 j.), 21,20 € (3 j.), 27,50 € (4 j.) ou 33,70 € (5 jours). La* ***Barcelona Card*** *donne un accès gratuit aux transports en commun.*

Les immanquables

notre sélection des plus beaux sites

Sagrada Familia★★★
Plan D 1 - p. 53

Plaça Reial★★
Plan D 5 - p. 43

Catedral★★
Plan D-E 4 - p. 16

Barri Gòtic★★
Plan D-E 41 - p. 16

Park Güell★★
Hors plan - p. 60

Montjuïc★ et ses musées : MNAC★★★ et Fundació Miró★★★ Plan A 7-D 8 - p. 76 et 79

Palau de la Música Catalana ★★★ Plan E 4 - p. 28

Museu marítim★★
Plan D 6 - p. 61

La Rambla★★
Plan D 4-6 - p. 36

Casa Batlló★★★
Plan C 3 - p. 50

Nos coups de cœur

Le Marché de la Boqueria. Tourbillon d'odeurs et de couleurs, brouhaha bon enfant : ce marché traditionnel de La Rambla est l'endroit parfait pour goûter aux bons produits de la cuisine catalane... et l'occasion de picorer à l'un des comptoirs.

La Barceloneta. Coincé entre la plage et le port, un îlot populaire résiste encore aux promoteurs. Linge aux fenêtres et commerces d'un autre âge animent cet ancien quartier de pêcheurs, où l'on s'offre une assiette de *chipirones* au soleil.

A. Serrano/hemis.fr

Sur les toits de la Casa Milà, d'Antoni Gaudí.

Les toits modernistes de la Casa Milà. Retrouvez un parfum d'enfance en découvrant l'univers onirique de ces surprenantes terrasses d'où émergent des cheminées aux volutes exubérantes couvertes de mosaïques. Au coucher du soleil, le spectacle est magique !

La ville romaine et wisigothique (Museu d'Història de la Ciutat). Une visite insolite au sous-sol de la plaça del Rei, là où s'est forgée la ville... pour une balade souterraine parmi les vestiges de la Barcelone romaine et un coup d'œil sur les restes de l'ensemble épiscopal wisigothique. En émergeant de cette exploration, prenez de l'altitude en grimpant en haut du **mirador del Rei Marti**.

Le quartier de Gràcia. Populaire et chaleureux, cet ancien bastion des anarchistes catalans est devenu l'un des endroits branchés pour l'apéro en terrasse. À vous de choisir votre atmosphère, entre la plaça de la Vila de Gràcia, la plus jolie, la plaça del Sol ou celle de la Virreina... Et le 15 août, ne manquez pas la **Festa Major de Gràcia**, une semaine de festivités délirantes dont les Catalans ont le secret : décors de rue loufoques et poétiques, démons cracheurs de feu, marionnettes géantes, danseurs de sardane, concours de *castellers*...

A. Serrano / hemis.fr

Marché de la Boqueria.

Les ruelles d'El Born. Accros du patrimoine et fans de shopping, vous adorerez ce quartier, où les bars chaleureux voisinent avec des boutiques chics et d'anciennes demeures médiévales.

La balade en bord de mer. Musardez le long de la Rambla del Mar et de Port Vell, contemplez la vue depuis le mirador de Colón, piquez une tête et bronzez un peu avant de finir la journée les pieds dans le sable en prenant l'apéro.

Font Magica. Le soir, à la tombée de la nuit, ne ratez pas les jeux de lumière et les danses des jets d'eau de la fontaine magique de Montjuïc : un spectacle haut en couleurs !

El Poblenou. Déambulez dans ce quartier au passé industriel pour savourer la ville sans les touristes. Découvrez comment les anciennes usines transformées en ateliers d'artistes voisinent avec l'architecture la plus contemporaine.

Concert au Palau de la Música Catalana. La façade donne le ton, avec ses mosaïques colorées. La symphonie moderniste se poursuit dans la merveilleuse salle de concert, sous la lumineuse coupole inversée. Quand la musique résonne, son ornementation foisonnante semble prendre vie... L'émotion est palpable ; on ferme les yeux, juste un peu, pour retenir l'instant.

Barcelone en 3 jours

JOUR 1

Matin

Baladez-vous dans le **Barri Gòtic★★** en visitant la **cathédrale★★** *(p. 16)* et le **Museu d'Història de Barcelona★★** *(p. 25)*.

Flânez et déjeunez de quelques tapas au **Mercat de la Boqueria★** *(p. 41)* ou attablez-vous à la terrasse du Taller de Tapas *(p. 95)*, sur l'agréable **plaça de Sant Josep Oriol★**.

Après-midi

Visite du **MACBA★★**, suivie d'une promenade sur **La Rambla★★** *(p. 36)*. Faites une pause sur une terrasse de la **plaça Reial★★** *(p. 43)* ; enchaînez avec la découverte d'**El Born★** *(p. 28)* et du **Museu Picasso★★** *(p. 32)*. Poursuivez par du lèche-vitrine et prenez l'apéro à la Vinya del Senyor *(p. 102)*, face à **Santa Maria del Mar★★** *(p. 32)*.

Dînez au Cucine Mandarosso *(p. 95)* dans **El Born★**.

Soirée

Au Jamboree, club de jazz *(p. 114)*.

Bons plans

- Le 1er dimanche du mois, vous pouvez profiter de la gratuité de certains grands musées, comme le Museu Nacional d'Art de Catalunya (MNAC), le Museu Picasso ou le Museu d'Història de Barcelona (MUHBA) - gratuit aussi l'après-midi les autres dimanches.

- Le 1er week-end du mois est aussi l'occasion de visiter le Palo Alto Market, mélange d'expositions d'art, de dégustations et de concerts.

- Si vous n'avez pas beaucoup de temps et voulez éviter de payer l'entrée, vous pouvez juste jeter un coup d'œil à la cathédrale ou à Santa Maria del Pi pendant les messes (soyez toujours très respectueux) ; l'entrée à Santa Maria del Mar est toujours libre.

JOUR 2

Matin

Débutez la matinée par la **Sagrada Familia★★★** *(p. 53)*, puis allez vous détendre dans le **Park Güell★★** *(p. 60)*. Pour les deux, n'oubliez pas de prendre les tickets à l'avance !

Les passionnés d'art contemporain peuvent visiter la **Fundació Antoni Tàpies★★** *(p. 49)*.

Déjeunez dans **l'Eixample★★**, chez Etapes *(p. 98)* ou optez pour plus léger dans un bar à tapas.

Après-midi

Promenade au **passeig de Gràcia★★★** *(p. 49)* avec la visite de la **Casa Milà★★★** *(p. 52)* ou de la **Casa Batlló★★★** *(p. 50)* (et pourquoi pas les deux !). N'oubliez pas un peu de shopping *(p. 111)* dans le quartier.

Soirée

Montez vous balader à **Gràcia★**, avec apéro sur la **Plaça del Sol** *(p. 58)* et dîner de tapas à Sol de Nit *(p. 105)*.

JOUR 3

▶ ***Matin***
Flânez dans **Montjuïc★** *(p. 73)* et visitez le **MNAC★★★** *(p. 76)* ou la **Fundació Joan Miró★★★** *(p. 79)*. Retour au port en téléphérique pour « vous en mettre plein la vue »! Vous débarquez près de **la Barceloneta★** *(p. 66)*. Déjeunez à Segons Mercat ou Makamaka *(p. 98)*.

▶ ***Après-midi***
Piquez une tête, avant de suivre la promenade maritime vers **El Poblenou** *(p. 67)*. Remontez la **Rambla del Poblenou** *(p. 67)* ou visitez le **Museu Blau★★** *(p. 70)*.

▶ ***Soirée***
Dîner dans **El Poblenou** *(p. 99)* et soirée à l'Ovella Negra *(p. 115)*.

Jour 4, jour 5...

Barcelone offre bien plus de possibilités que le programme court que nous vous proposons. En outre, en été, la chaleur humide vous poussera vers les plages de la ville ou les stations balnéaires alentour, facilement accessibles en train (Cercanías), comme ***Garraf*** *(p. 91) ou* ***Sitges★★*** *(p. 91), vers le sud.*
Vous pouvez aussi faire un aller-retour dans la journée pour visiter le grand site sacré des Catalans, ***Montserrat★★*** *(60 km au nord-est, p. 90), le monastère de* ***Sant Cugat del Vallès★★*** *(18 km au nord-ouest, p. 89) ou la* ***Colònia Güell★*** *(23 km au sud-ouest, p. 88), reliés à Barcelone par les trains de banlieue.*

B. Gardel/hemis.fr

Xiringuito sur la plage de Sant Sebastià.

Visiter Barcelone

Vue sur Barcelone et la Torre Agbar par l'architecte Jean Nouvel.

DaLiu/iStock/© Architecte: Jean Nouvel, Architecte local : b720 - Fermin Vazquez

Barcelone aujourd'hui

La « cité des prodiges » : c'est ainsi qu'**Eduardo Mendoza** baptise la capitale catalane dans un de ses grands romans consacrés aux métamorphoses de sa ville. La vieille capitale des rois d'Aragon, qui semblait sommeiller dans son enceinte médiévale, a su en effet profiter de la révolution industrielle et de la renaissance culturelle qui l'accompagnait pour exploser hors de ses murs : c'est le quartier de l'**Eixample** (« l'extension ») qui a alors surgi de terre, lieu propice où les architectes modernistes ont laissé libre cours à leur imagination et à leur fantaisie. Mais s'ils ont pu le faire avec une telle liberté, c'est grâce au dynamisme et au talent de leurs mécènes.

Ce dynamisme et ce talent semblent être la marque de fabrique des Barcelonais et de ceux qu'ils ont accueillis : **Pablo Picasso** y a trouvé son inspiration, **Joan Miró** et **Antoni Tàpies** s'y sont épanouis et tous trois ont fait don à la cité d'œuvres majeures réunies dans des musées portant leurs noms.

À Barcelone, les siècles et les styles coexistent et se superposent : de l'orgueilleuse cité maritime qui régnait autrefois sur la Méditerranée témoignent le **Barri Gòtic** et la **Ribera**, avec ses beaux palais, ses magnifiques églises et ses étroites ruelles qui pourraient sembler inchangées depuis l'âge gothique… si une boutique décalée, un café branché au décor épuré ou au contraire délirant, ne venaient soudain nous replonger dans notre époque. Alliance de vacarme, le long des grandes avenues, et de silence, parfois seulement troublé par la lamentation d'un saxophone solitaire, de rigueur et d'exubérance, de classicisme et de jeunesse, Barcelone ne craint pas la contradiction, et ce choc des extrêmes contribue à ce charme prenant, parfois envoûtant, où chacun peut trouver son bonheur.

Bien entendu, vous emprunterez la route du modernisme sur les traces d'un **Antoni Gaudí** devenu le symbole de la ville, au même titre que son collègue **Domènech i Montaner**. Ce dernier est l'auteur du **Palau de la Música Catalana**, bâtiment emblématique de la fierté d'un peuple férocement attaché à sa langue (lorsque vous êtes ici, oubliez votre espagnol !), à son histoire, à sa liberté et à ses traditions, du *pa amb tomàquet* à la sardane dansée devant la cathédrale et accompagnée de la musique lancinante de la *cobla*, en passant par les exploits de l'incontournable Barça.

Mais rien de passéiste ni de nostalgique ici, surtout depuis que la ville est redevenue la capitale, sinon d'une nation, du moins d'une région prospère à l'autonomie de plus en plus large. C'est ainsi qu'organisant sans complexe des Jeux olympiques (1992), Barcelone a su renouer avec son glorieux passé

maritime et se découvrir soudain cité balnéaire, en retrouvant cette mer jusque-là occultée derrière de sinistres installations industrielles, tout en convoquant à son chevet la fine fleur de l'architecture catalane (Bofill, Miralles), espagnole (Calatrava, Moneo) ou internationale (Norman Foster, Richard Meier, Frank O. Gehry, Graham Bruce, Jean Nouvel). Ces derniers et bien d'autres ont signé depuis lors des bâtiments majeurs, que ce soit sur la colline de Montjuïc ou dans cette Ville olympique qui a transformé le quartier du **Poblenou** en un lieu où aime à résider la jeunesse branchée.
Voici cette ville que vous vous apprêtez à découvrir : sans doute arpenterez-vous aussi la **Rambla** sans jamais vous lasser, tant le lieu, toujours animé, semble fait pour une flânerie ponctuée de pauses à l'une des nombreuses terrasses de cafés des places avoisinantes. Parmi une foule compacte, vous ferez cercle autour des musiciens des rues ou bien des hommes-statues qui, ici, rivalisent d'imagination et, souvent, d'humour. Vous vous glisserez entre les étals colorés du grand marché de la **Boqueria**, admirant, au cœur d'un de ces brouhahas dont les Espagnols ont le secret, des fruits parfois inconnus. Vous sauterez de métro en funiculaire ou en tramway pour admirer les panoramas du sommet de la colline de **Montjuïc** à celle du **Tibidabo**, sans oublier de vous poser sur le banc ondulant du mirador du **parc Güell**. À moins que, empruntant discrètement la serviette de votre hôtel, vous n'alliez lézarder sur les plages réaménagées aux abords du **Port Olímpic**. Vous musarderez devant les vitrines de luxe de l'élégant **passeig de Gràcia**, sans oublier de rester attentif aux détails des façades : ici, une tourelle surgie d'un conte de fées, là un balcon délirant, plus loin un dôme peuplé d'une foule de statues...
Vous visiterez de fabuleuses collections, allant des sublimes œuvres romanes du **musée national d'Art de Catalogne** aux installations contemporaines du **MACBA**, sans oublier les **fondations Miró** et **Tapiès**.
Enfin viendra le soir, le moment où vous jouerez des coudes pour accéder aux tapas et autres *pintxos* des bars, galiciens, basques ou catalans de la **plaça del Pi**, du **Raval** ou du **passeig del Born**, ou bien dans un café moderniste, et finirez la soirée devant un verre de *cava*, de cidre ou de bière, à refaire le monde. Bref, vous plongerez dans une sorte de sarabande effrénée qui ne s'arrête qu'au petit matin, lorsque les employés de la voirie chassent les reliques de la nuit à grands coups de jets d'eau sur le dallage luisant de la Rambla. Et qui peut symboliser le mieux cette cité sans cesse en mouvement mais pourtant toujours fidèle à son passé, sinon l'édification de la **Sagrada Família**, ce chantier que l'on pourrait croire éternel ?
Mais ce week-end de découverte s'achève bientôt et déjà la nostalgie de cette ville fabuleuse vous envahit... Sachez que pour être certain d'y revenir, une méthode sûre existe : il suffit de boire de l'eau de la fontaine de Canaletes, sur la Rambla...

TERRASSA
A
18
S. Cugat del Vallès
B
Laberint d'Horta
C 16 - E 9
BP 1417
PARC
DE
VALLVIDRERA
COLLSEROLA
TIBIDABO
(532)
Parc
d'Atraccions
VELÒDROM
Mundet
LA VALL
D'HEBRON
5
B 20
Vall d'He
Penitents
6
Av. del
Tibidabo
Pas. de Sant Gervasi
7
Peu del
Funicular
COSMOCAIXA
8
Vallcarca
Avinguda
Tibidabo
El Putxet
Pas. de la
Bonanova
Muntaner
Pl. de
Lesseps
9
Reina
Elisenda
Pas. de la Reina
Elisenda de Montcada
ST.
GERVASI
Gal Mitre
Via
Augusta
Sarrià
La Bonanova
Bisbe Català
MONESTIR DE
PEDRALBES
SARRIÀ
Les Tres
Torres
Ronda del
Pl. Françesc
Macià
Av. de
Pedralbes
Pas. de
M. Girona
Maria
Cristina
Av. de Sarrià
PAVELLÓ
GÜELL
Av.
Déu i Mata
Travessera
de les Cort
10
Palau
Reial
Ciutat
TORRES
TRADE
B 20
Zona
Universitària
Plaça
del Centre
Numància
ESPLUGUES
DE LLOBREGAT
H
S. JUST DESVERN
11
Palau
Reial
Universitària
4
Berlín
les Corts
Sants-Estació
Camp Nou
Sants
2
1
N 340
Carret. Reial
H
DIAGONAL
Museu
F.C. Barcelona
Rbla
Brasil
Av. de
Madrid
Pl.
d'Espany
B 23
Laurea
Badal
Pl. de Sants
12
Miró
Carret. de Collblanc
Sants
Creu Coberta
Carret. de
Cornellà
Can Vidalet
Pubilla
Cases
Av. d'Isabel
la Católica
13
COLLBLANC
Mercat
Nou
FIRA DE
BARCELON
Torrassa
Sta Eulàlia
Badal
L'HOSPITALET
DE LLOBREGAT
Florida
Gran
LLEIDA / LÉRIDA
TARRAGONA
RONDA
DE DALT
Av. de
Can Serra
Can Serra
Sta Eulàlia
Pl.
d'I. Cerdà
MONT.
Carret.
d'Esplugues
St Ildefons
Can
Boixeres
Enric Prat
de la Riba
14
Rambla
Just Oliveres
Rbla de
J. Oliveres
Carrilet
la Gran Via
Ronda
Ildefons
Cerdà
CASTELLDEFELS
Cornellà
Gavarra
C 32
H
del
St Josep
del
Gornal
AUD
DE MON
C 245
CORNELLÀ DE
LLOBREGAT
15
Av.
Av. Carrilet
Av. de
FIRA
DE
MOSTRES
MONTJUÏC-2
Mig
H
Pas. dels FF.CC.
9.18
C 31
A
CASTELLDEFELS SITGES
CASTELLDEFELS SITGES
B

GIRONA
Barberà del Vallès
PUIGCERDÀ
VIC
MATARÒ
S. ANDREU
S. ADRIÀ DE BESÒS
Sant Roc
Joan XXIII
Verneda
La Pau
Llucmajor
Dr Pi i Molist
Piferrer
Virrel Amat
Vilapicina
Fabra i Puig
Pas. de Fabra i Puig
Arnau d'Oms
Sagrera
Santander
Av. de Borbó
Maragall
Ramon Albó
Congrés
Av. de la Mare de Déu de Montserrat
Sagrera
Guipúscoa
Sant Martí
Besòs
Besòs Mar
Prim
Guinardó
Ronda del Guinardó
TÚNEL DE LA ROVIRA
SANT PAU
162
Camp de l'Arpa
Navas
Catalanes
Bac de Roda
Maresme-Fòrum
FÒRUM
Parc central de Poble Nou
Diagonal
Clot
Indústria
Alfons X
Gràcia
Hospital St Pau
Encants
Aragó
Corts
Bilbao
Selva de Mar
Av. de Gaudí
Padilla
Lepant
Pl. de les Glòries Catalanes
Pere IV
Poblenou
Rbla del Poblenou
SAGRADA FAMÍLIA
Sardenya
Platja de la Nova Mar Bella
Diagonal
Llacuna
Badajoz
Platja de la Mar Bella
LA PEDRERA-CASA MILÀ
DE GRÀCIA
Aragó
de les
VILA OLÍMPICA
Av. d'Icària
Marina
Platja del Bogatell
Platja de la Nova Icària
EL BORN
França
Torre Mapfre
CATEDRAL STA EULÀLIA
LA RAMBLA
Platja Passeig Marítim
MAR MEDITERRÀNIA
Platja de la Barceloneta
LA BARCELONETA
ESTACIÓ MARÍTIMA
del Paral.lel
WORLD TRADE CENTER
PLATJA
B 10
RONDA DEL LITORAL
voir plan détachable
AGGLOMÉRATION
0
1 km
N
BALEARES, GENOVA
C
D
1
2

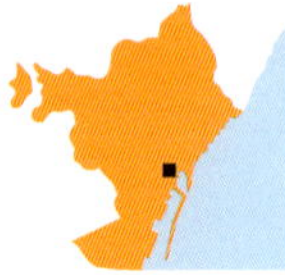

Barri Gòtic★★

Au cœur de la vieille ville, dans un dédale d'étroites ruelles, le quartier gothique reste l'un des quartiers les plus vivants de Barcelone. Ainsi appelé en raison de ses bâtiments des 13ᵉ, 14ᵉ et 15ᵉ s., il est, en fait, beaucoup plus ancien puisqu'on y a même trouvé des vestiges de la période romaine de Barcelone (4ᵉ s.). Au cours du 19ᵉ s., les monuments les plus abîmés ont bénéficié d'une soigneuse restauration qui a donné au quartier son allure élégante. L'avenue piétonne Portal de l'Àngel, qui quitte la plaça de Catalunya pour se perdre aux portes du quartier, et la rue Portaferrissa et ses voisines, qui le relient à la Rambla, sont parmi les axes les plus commerçants et les plus fréquentés.

▶**Accès :** Ⓜ Catalunya (L1, L3) pour rejoindre la plaça Nova et la cathédrale par l'av. del Portal de l'Angel, ou Jaume I sur la via Laietana.

Plans de quartier p. 22 et 24. Plan détachable D-E 4.

▶**Conseil :** Consacrez une journée à la flânerie dans les ruelles de ce quartier… où vous reviendrez de toute façon.

PLAÇA NOVA

C'est ici que commençait le « cardo » romain, auquel on accédait par une porte flanquée de deux tours qui subsistent. La place fut aménagée à partir de 1355, lors de la première extension de la ville. Si elle est toujours très animée, les Barcelonais s'y rassemblent en outre les dimanches et jours fériés pour danser les populaires sardanes.

Sur la place, face à face, se trouvent le **Col.legi d'Arquitectes**, qui arbore des sgraffites de Picasso, et l'arrière de la Casa de l'Ardiaca.

Reliant la plaça Nova à la via Laietana, l'**avinguda de la Catedral** est une large promenade, paradis des patineurs. Une volée de marches conduit à la Pla de la Seu.

PLA DE LA SEU

Aménagée en 1421 au pied de la cathédrale, elle est encadrée par la Pia Almoina et les Casas de la Canonja et de l'Ardiaca. Elle accueille chaque 8 décembre la « Fira de Santa Llúcia », où l'on vend toutes sortes d'accessoires pour les crèches de Noël.

CATEDRAL SANTA EULÀLIA★★

☎ 933 428 262 - www.catedralbcn.org - ♿ - visite lun.-vend. 8h-19h30, w.-end 8h-20h - accès gratuit à la cathédrale et au cloître pendant les horaires de messe : 8h-12h45 (13h45 le dim.), 17h45-19h30 (17h15-20h le w.-end) ; Cor 3 € ; terrasses 3 €. En dehors de ces horaires, billet combiné cathédrale, Cor, terrasses, cloître et musée capitulaire 7€.

E. Algarra / age fotostock

La cathédrale.

Les vestiges les plus anciens de la cathédrale, ou « Seu », consacrée à sainte Eulalie, patronne de la ville, furent trouvés dans le sous-sol de la rue dels Comtes. Cette première cathédrale, à demi détruite pendant l'invasion d'Almanzor (985), fut remplacée par une autre, de style roman, au 11e s. L'édifice actuel, érigé sur le terrain jouxtant l'ancienne cathédrale romane, fut entrepris à la fin du 13e s., sous le règne de Jaume II, et achevé en 1450.
La **façade principale** et la flèche sont récentes (19e s.), mais construites selon le dessin gothique réalisé en 1408 par le maître **Charles Galtès** dit Carli, de Rouen, ce qui explique sa décoration très française de crochets, gables et pinacles.

Intérieur★

Nef – Les trois vaisseaux ont été réalisés selon le plus pur style gothique catalan. La légèreté et la sveltesse des piliers donnent une remarquable sensation d'élévation, intensifiée par la lumière ténue et indirecte de la lanterne, érigée à l'entrée du sanctuaire.
À droite de l'entrée principale, la **capella del Santíssim** (chapelle du Saint-Sacrement), ancienne salle capitulaire, est couverte d'une voûte octogonale étoilée. Commencée en 1400, elle fut reconstruite au 17e s. pour recevoir le tombeau de saint Olégarius. Elle abrite le Christ de Lépante (15e s.), crucifix qui, selon la tradition, ornait la proue de la galère

commandée par Don Juan d'Autriche lors de la bataille de Lépante (1571). Dans la chapelle consacrée aux saints Côme et Damien **(1)**, on peut admirer un **retable gothique** réalisé par Bernat Martorell.
La cinquième chapelle **(2)** contient le **tombeau de Raimundo de Peñafort** (14e s.), dominicain qui est l'un des saints locaux les plus vénérés.
Dans le bas-côté gauche, le **retable de saint Marc (6)**, baroque, honore le patron des cordonniers. Plus loin, on passe devant la **capella de la Mare de Déu de Montserrat (5)**, patronne de la Catalogne, connue sous le nom de « la Moreneta » (*p. 90*), dont le culte se développa autour de la montagne du même nom, où l'on créa un monastère au début du 4e s.

Cor★★ (Chœur) – La perspective du vaisseau principal est tronquée par cette enceinte fermée de murs gothiques finement sculptés. Elle présente deux rangées de stalles polychromes : celle du haut, dont les riches dossiers sont ornés d'aiguilles minutieusement travaillées, fut réalisée vers la fin du 14e s., celle du bas vers le milieu du 15e s.
En 1519, à l'occasion d'une réunion de l'ordre de la Toison d'or, les dossiers furent décorés des armoiries de chaque chevalier. Chargé de cette tâche, Jean de Bourgogne réalisa l'un des ensembles héraldiques les plus extraordinaires d'Europe. Admirez aussi la finesse et l'humour des scènes ornant les miséricordes des stalles.
On monte à la **chaire épiscopale** *(trona)* contiguë par un escalier en pierre rehaussé de deux ouvrages en fer forgé : une balustrade aux fleurs de lis et une porte. La chaire octogonale en bois est décorée de nombreuses figurines.
Le **trascor★** (façade postérieure du cor) du 16e s., en marbre blanc, est l'œuvre de Bartolomé Ordóñez (achevée après sa mort par Pierre Villar). Il présente des bas-reliefs retraçant le martyre de sainte Eulalie, dont le culte s'est développé au 4e s.
Chevet – Sous le maître-autel et la croisée, la **cripta de Santa Eulàlia★** est couverte par une voûte nervurée très basse. Vous remarquerez les détails sculptés du perron conduisant à la chapelle ; le sarcophage de la sainte est une pièce d'albâtre réalisée par des artistes toscans au 14e s.
À droite du *presbyterium*, contre un mur, se trouvent les **tombeaux (3)** des fondateurs de la cathédrale romane : Ramón Berenguer Ier et son épouse Almodis.
Les chapelles du déambulatoire abritent des retables gothiques et baroques, dont un chef-d'œuvre, la **Transfiguration★**, de Bernat Martorell, œuvre classique de la peinture catalane.
Dans la branche orientale du transept, au-dessus de la porta Sant Iu (saint Yves), se trouve l'orgue monumental.
Terrasses – *Montée en ascenseur dans une chapelle du déambulatoire* **(4)**. Des passerelles métalliques, dominées par les imposantes silhouettes des tours et de la tour-lanterne de la cathédrale, dispensent une promenade singulière offrant de splendides **vues★★** sur les ruelles étroites de la vieille ville, le réseau d'avenues de l'Eixample et la montagne de Montjuïc, jusqu'à la

façade maritime d'un côté et la serra de Collserola de l'autre.
Claustre★ (Cloître) – C'est l'un des endroits les plus sereins de la ville. Quatre galeries aux voûtes en croisée d'ogives servent d'écrin à un patio où

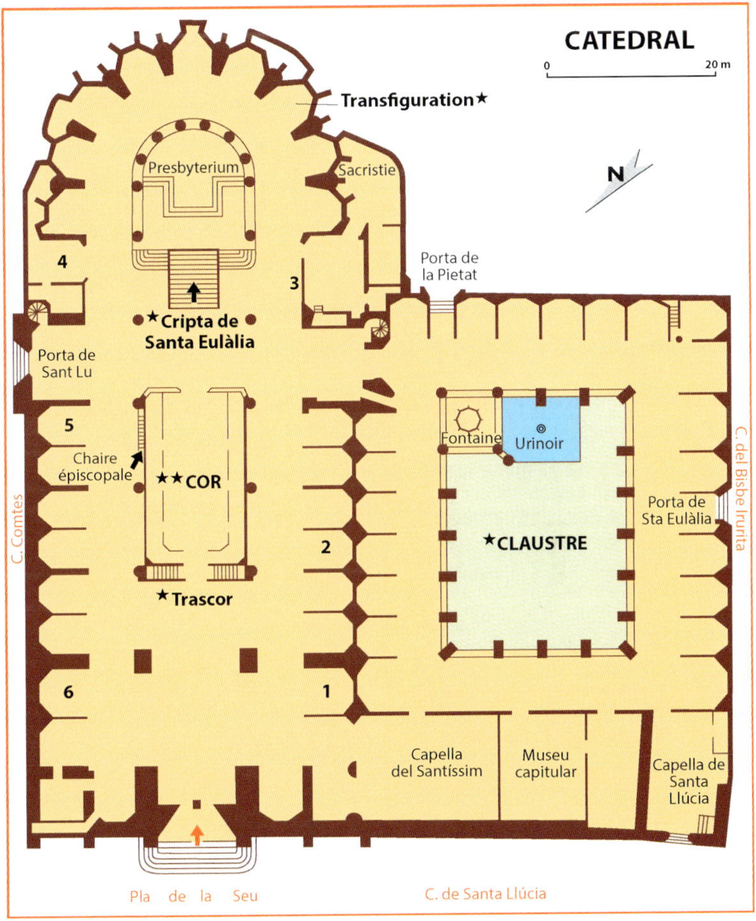

palmiers et orangers enserrent une fontaine dédiée à Sant Jordi (saint Georges), patron de la Catalogne et de l'Aragon, tandis que treize oies déambulent dans leur enclos. L'**urinoir** du 15e s., à côté de la fontaine, apporte une touche pittoresque à cette oasis. Les chapelles des galeries ont été enrichies de grilles en fer forgé (admirez les détails floraux du 14e s.) et quelques chapelles conservent de curieux retables. Dans le mur nord est inhumé Mossén Borrá, bouffon du roi Alfons V.

Museu capitular – *Lun.-vend. 13h-17h30, sam. 13h-17h, dim. 14h-17h - inclus dans l'entrée de la cathédrale.* Deux somptueuses salles accueillent le musée de la cathédrale. On y conserve quelques peintures du 15e s., telle la **Pietà** de Bartolomé Bermejo. Il faut s'attarder devant la tombe de style médiéval tardif de l'archidiacre Luis Desplà et le missel de sainte Eulalie, décoré de fines miniatures.

Capella de Santa Llúcia – C'est l'unique vestige de la cathédrale romane. Elle fut construite en 1268 et consacrée à sainte Lucie, très estimée des Barcelonais.

MUSEU DIOCESÀ - GAUDÍ EXHIBITION CENTER★

(Musée diocésain - Centre d'Exposition de Gaudi)

Pla de la Seu, 7 - ✆ 932 687 582 - www.gaudiexhibitioncenter.com - ♿ - mars-oct. : 10h-20h ; nov.-fév. : 10h-18h - 15 € (-7 ans gratuit), audioguide inclus (en français).

La **Casa de la Canonja** (1546), ancienne résidence des chanoines, et l'édifice de la **Pia Almoina**, institution de bienfaisance créée en 1009 pour venir en aide aux pauvres de la ville, abritent le musée diocésain, désormais dédié au célèbre architecte Antoni Gaudí, homme de foi dont les réalisations sont très empreintes de la tradition chrétienne. Œuvres d'art, objets, croquis, photos et documents originaux, ainsi qu'une vingtaine de maquettes de ses travaux les plus impressionnants, nous permettent de comprendre ses influences, son univers, ses techniques de travail et l'évolution de ses créations. Complétée par des contenus audiovisuels et interactifs, l'exposition garantit une immersion totale dans l'œuvre de cet artiste emblématique de Barcelone.

CASA DE L'ARDIACA★

(Maison de l'Archidiacre)

C/Santa Llúcia 1 - gratuit.

Bâtie au 12e s. sur la muraille romaine, cette demeure fut reconstruite vers la fin du 15e s. pour l'archidiacre Lluis Desplà, de sorte que le bâtiment mêle des éléments décoratifs gothiques et Renaissance. Le petit **patio intérieur★**, de forme rectangulaire, est un véritable havre de paix orné d'une frise en carreaux de faïence émaillée qui, quoique très postérieure (1920), s'harmonise bien avec l'ensemble. L'édifice abrite de nos jours l'**Arxiu Històric de la Ciutat** (Archives municipales d'histoire). En sortant, à droite, vous vous trouvez face à la façade baroque du **Palau del Bisbat** (palais épiscopal). Ne manquez pas de jeter un coup d'œil à son beau patio, avec un escalier typique du gothique catalan.

PLAÇA DE GARRIGA I BACHS

Sur cette petite place s'ouvre la Porta de Santa Eulàlia qui donne accès au cloître de la cathédrale.
En face, sur le mur latéral de l'église baroque **Sant Sever** (portail sculpté), se trouve un monument, œuvre de **Josep Llimona** (1864-1934), élevé à la mémoire des Barcelonais exécutés au garrot en 1809 à la Ciutadella *(p. 34)* par les troupes napoléoniennes.

PLAÇA DE SANT FELIP NERI

Cette jolie placette est entourée de maisons Renaissance, déplacées ici lors du percement de la via Laietana *(p. 27)*. C'est ici que s'élève l'église néoclassique de Sant Felip Neri, bâtie en 1752.
La place fut le théâtre d'un épisode sanglant de la guerre civile : le 30 janvier 1938, les bombes larguées par l'aviation franquiste y firent 42 morts, en majorité des enfants. Les trous causés par les éclats sont visibles sur les façades.
La **carrer Sant Sever** ramène à la carrer del Bisbe Irurita.

CARRER DEL BISBE IRURITA

Sur le côté droit de la carrer del Bisbe Irurita, jusqu'à la plaça de Sant Jaume, se dresse la longue façade du Palau de la Generalitat, relié par une

Le « Call » de Barcelone

Call (ou « petite rue »), tel était le nom du quartier où vivait l'une des communautés juives les plus prospères de la Méditerranée, jusqu'à son expulsion de la Péninsule en 1492. Il en subsiste, derrière le Palau de la Generalitat, un ensemble de ruelles aux noms évocateurs (carrer del Call, de Sant Domènech del Call, baixada de Santa Eulàlia, carrer dels Banys Nous). On sait qu'une partie importante de la population de ce ghetto était composée d'artisans, courtiers, cambistes et libraires. Nombre de ces Juifs étaient de riches propriétaires d'immeubles, dans le quartier, mais aussi dans le voisinage du cimetière communautaire, situé sur la colline de Montjuïc.
Pour les personnes intéressées par la découverte de ce quartier :
***MUHBA El Call** – Placeta de Manuel Ribé, s/n - 932 562 122 - www.museuhistoria.bcn.cat - merc. et vend. 11h-14h, w.-end 11h-19h - fermé 1er janv., 1er Mai, 24 juin et 25 déc. - 2,20 € (-16 ans, dim. à partir de 15h et 1er dim. du mois gratuit), billet combiné MUHBA 7€. Cette petite annexe du MUHBA retrace à l'aide de panneaux interactifs et de vidéos l'urbanisme et l'histoire dramatique de l'ancien quartier juif, ainsi que l'héritage culturel laissé par cette communauté à travers trois figures marquantes de l'époque médiévale.*
***MUHBA Domus de Sant Honorat** – C/de la Fruita, 2 - 932 562 122 - www.museuhistoria.bcn.cat - dim. 10h-14h - fermé 1er janv., 1er Mai, 24 juin et 25 déc. - 2 € (-16 ans et 1er dim. du mois gratuit), billet combiné MUHBA 7€. Sur le site d'une grande domus du 4e s., ces anciens entrepôts à grains, témoignant de l'histoire de la communauté juive du Call, dissimulent les vestiges de trois tabernæ d'époque romaine.*

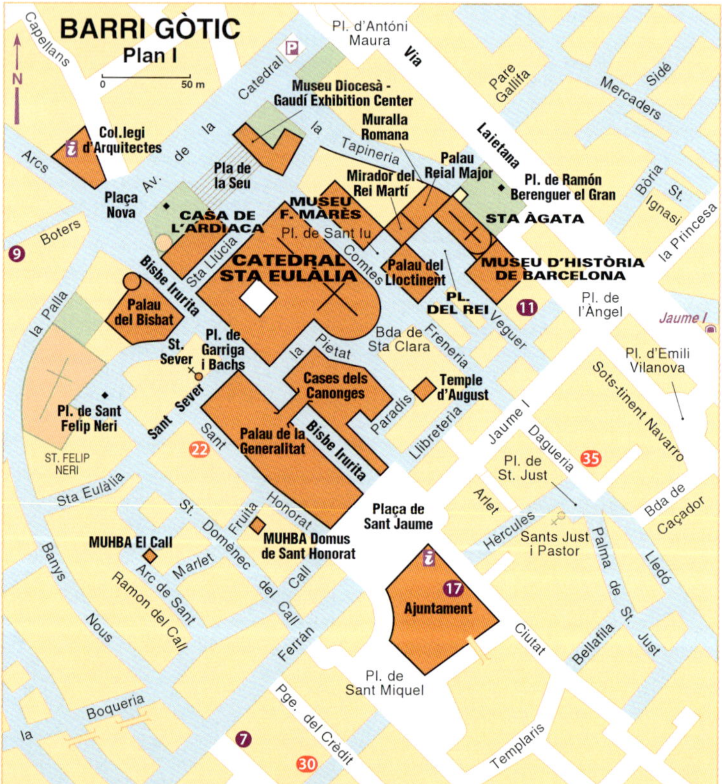

SE RESTAURER

- El Pintor 22
- Bliss 35
- La Cerería 30

SHOPPING

- Art Montfalcon 9
- Cerería Subirà 11
- La Manual Alpargatera 7
- Sala Ciutat 17

galerie néogothique (1929) sur voûte en étoile aux anciennes **Cases dels Canonges** (maisons des Chanoines), remarquable exemple de construction du 14e s.

PLAÇA DE SANT JAUME

Sur cette place se croisaient jadis les deux rues principales de la ville romaine : le *cardo* et le *decumanus*. C'était, à l'époque, le forum, et ça l'est toujours en quelque sorte, puisque s'y font face les deux bâtiments qui symbolisent la puissance de la ville et celle de la Catalogne : l'hôtel de ville et le palais de la Généralité.

Palau de la Generalitat – ♿ - *visite guidée (1h) les 2e et 4e w.-end du mois (sf août), sur réserv. (www.president.cat) - gratuit.* Avant de devenir le symbole de l'exécutif de la communauté catalane, la **Generalitat** (*p. 138*) fut à l'origine une commission du Parlement catalan constituée de deux représentants de chaque classe (clergé, noblesse et bourgeoisie urbaine), dont la mission consistait à percevoir les impôts pour le compte du roi d'Aragon. Le palais est un édifice à trois étages, construit au début du 14e s. dans le style gothique mais modifié ultérieurement. La **façade** donnant sur la plaça de Sant Jaume, érigée vers 1600 par **Pere Blay**, est un des rares exemples barcelonais de l'architecture de la Renaissance.

Ajuntament – ✆ *934 027 364 -* ♿ *- visite libre dim. 10h-13h30 - gratuit.* Faisant face au palais de la Généralité, l'hôtel de ville fut construit dans le dernier tiers du 14e s., mais sa façade principale, de style néoclassique, est postérieure (19e s.). La **façade latérale**, gothique, qui donne sur la **carrer de la Ciutat** est plus ancienne (vers 1400) et plus intéressante. Sa porte est décorée d'une effigie de l'archange saint Raphaël ainsi que des armoiries de la ville et du roi. L'aménagement d'origine a presque totalement disparu, car plusieurs transformations ont détruit les pièces des 16e et 17e s. On peut cependant admirer le **Saló de Cent★**, salle de réunion du **Consell dels Cent** (*p. 136*), noyau du futur conseil municipal. Malgré les modifications, elle conserve une remarquable richesse ornementale.

TEMPLE D'AUGUST

C/ Paradís 10 - lun. 10h-14h, mar.-sam. 10h-19h, dim. 10h-20h - gratuit.
Au fond de la cour, quatre colonnes corinthiennes, plaquées sur un fond badigeonné de vert, témoignent du passé romain de Barcelone. C'est là en effet que s'élevait au 1er s. le principal temple de la ville.
La **carrer Paradís** débouche dans la **carrer de la Pietat**, qui longe une partie du chevet de la cathédrale et est bordée à gauche par les façades gothiques des maisons des Chanoines. En face s'ouvre la porte du cloître de la cathédrale, dite Porta de la Pietat.

PLAÇA DEL REI★★

Cette place, qui accueille souvent des concerts ou des pièces de théâtre, est le poumon du quartier gothique. On peut y contempler quelques-uns

BARRI GÒTIC
Plan II
Mercat Santa Caterina
Museu Picasso
Palau dels Marquèsos de Llió
Palau Nadal
Museu Diocesà - Gaudí Exhibition Center
Palau Reial Major
Col.legi d'Arquitectes
Museu F. Marès
Pl. Berenguer el Gran
Santa Àgata
Museu d'Història de Barcelona
Casa de l'Ardiaca
Palau del Bisbat
Catedral Sta. Eulàlia
Palau del Lloctinent
Cases dels Canonges
Temple d'August
Palau de la Generalitat
MUHBA El Call
MUHBA Domus de Sant Honorat
Plaça de Sant Jaume
Ajuntament
Santa María del Pi
Plaça de Sant Felip Neri
Plana de la Boqueria
Gran Teatre del Liceu
Plaça Reial
Ptge de Bacardí
Palau Güell
Plaça del Teatre
Arts Santa Mònica
Palau Marc
Museu de Cera
La Mercè
PARROQUIA SAN JAIME APÓSTOL
PARROQUIA SAN JOSÉ Y SANTA MÓNICA
SANT CUGAT DEL REAL
ST. FELIP NERI
JARDINS DE LES VOLTES D'EN CIRES
Via Laietana
La Rambla
Rambla de Santa Mònica
Passeig de Colom
Moll de la Fusta
Drassanes
Liceu
Jaume I
N
0 100 m

SE RESTAURER					
Bliss	35	Caelum	1	Kokua	6
Can Culleretes	24	Café de l'Opera	5	La Manual Alpargatera	7
La Cerería	30	Cala del Vermut	3	Marché de Santa Caterina	2
El Pintor	22	El Bosc de les Fades	6	Olivart	30
Els Quatre Gats	21	Irati	7	Sala Ciutat	17
La Fabrica	52	Oviso	2	Torons Vicens	32
Los Caracoles	29	Pasteleria Escribà	4		
Nou Celler	34			**SORTIR**	
Re-Pla	38	**SHOPPING**		Jamboree	1
Senyor Parellada	36	Art Escudellers	10	La Concha	4
Taller de Tapas	25	Art Montfalcon	9	La Macarena	11
		Cerería Subirà	11		
PRENDRE UN VERRE		El Celler de la Boqueria	13		
Bornet	19	Herbolari del Rei	31		

des plus importants bâtiments médiévaux de la ville : c'est le **conjunt (ensemble) monumental de la Plaça del Rei** qui comprend le Palais royal, la chapelle Santa Àgata, le palais du Lieutenant et la Casa Clariana-Padellàs (15e s.). Cette dernière, bel exemple d'architecture civile gothique, qui sert de cadre aujourd'hui au musée d'Histoire de la ville, a été transférée ici, pierre par pierre, depuis la carrer dels Mercaders.

Palau del Lloctinent (Palais du Lieutenant) – Il fut construit de 1549 à 1557 pour servir de résidence aux « lieutenants » du roi (les vice-rois de Catalogne), après l'unité espagnole. Ses trois façades, donnant sur la plaça del Rei, la baixada de Santa Clara et la **carrer dels Comtes** sont très dépouillées. Le style gothique tardif prédomine avec des éléments Renaissance. On peut accéder à son ravissant **patio**, que surplombe une galerie toscane, et à son élégant escalier.

Palau Reial Major – Le palais fut la demeure des comtes de Barcelone avant de devenir celle des rois d'Aragon qui, d'une façon générale, préféraient résider en dehors de la cité. L'édifice, dont la construction débuta aux 11e et 12e s. en prenant appui sur la muraille romaine, ne cessa de s'agrandir pour atteindre vers la fin du 14e s. sa taille actuelle. Au 16e s., une aile fut occupée par le Tribunal de l'Inquisition. La façade affiche une structure monumentale faite de grands arcs adossés et surbaissés, résultant de la réunion des contreforts.

MUSEU D'HISTÒRIA DE BARCELONA (MUHBA)★★

(Musée d'Histoire de Barcelone)

Plaça del Rei, s/n (entrée carrer del Veguer) - ✆ 932 562 122 - www.museuhistoria.bcn.cat - ♿ - mar.-sam. 10h-19h, dim. 10h-20h - fermé 1er janv., 1er Mai, 24 juin et 25 déc. - 7 € (-16 ans, dim. apr.-midi et 1er dim. du mois gratuit), billet donnant accès à toutes

Bon à savoir
Le MUHBA compte une quinzaine d'annexes en ville, chacune mettant en lumière une facette de l'histoire de Barcelone. Certaines sont gratuites, d'autres payantes, mais toutes sont accessibles avec le billet combiné délivré au siège du MUHBA, Plaça del Rei. Valable 1 an, ce billet (7€, audioguide inclus) permet 2 entrées au musée de la Plaça del Rei et une visite à chacun des autres sites payants.

les annexes du MUHBA - audioguide (en français) inclus.
Ce musée vous convie à une fascinante balade souterraine qui traverse toute la place avant d'aboutir au Palais royal.

Ville romaine et wisigothique★★★ – Dans le sous-sol de la plaça del Rei se dissimule la ville romaine et wisigothique. Étrange promenade parmi des pans de muraille, des ruelles, des maisons, des échoppes et des ateliers d'époque romaine. Au nombre des vestiges, signalons une fabrique de salaisons, une laverie, une fabrique de vin (reconnaissable à ses nombreuses amphores), ainsi que l'ensemble épiscopal de la Barcelone wisigothique.
Le souterrain conduit à deux salles aux voûtes romanes en berceau qui faisaient partie de l'ancien palais des Comtes. On y trouve quelques sculptures, épigraphes et bustes du 1er au 4e s. Plus loin, la salle Jaume Ier présente de grandes peintures murales gothiques (13e s.), découvertes en 1998.

Palau Reial Major – La visite vous invite ensuite à arpenter les salles du palais comtal/royal qui abritent une exposition dédiée à l'histoire de Barcelone au Haut Moyen-Âge (8e-13e s.) : la Barcelone wisigothique et la Barcelone islamique, la formation de la ville médiévale et son développement, son mode de gouvernance, la vie de ses habitants.
Saló del Tinell – Construit entre 1359 et 1362, c'est une grande pièce de 17 m de haut, avec une couverture à deux versants soutenue par six monumentaux arcs en plein cintre. Selon la tradition, c'est dans cette salle de banquet que les Rois Catholiques reçurent (1493) Christophe Colomb à son premier retour d'Amérique.
Capella de Santa Àgata★★ – Cette chapelle palatine fut bâtie par Jaume II au 14e s. avant d'être consacrée à sainte Agathe au 17e s. Décorée de bois polychrome, elle abrite le merveilleux **retable du Connétable★★** (1465) de **Jaume Huguet**, commandé par le connétable Pierre de Portugal, et représentant des scènes de la vie de la Vierge et de Jésus. Remarquez sur le panneau central l'Adoration des Rois mages, l'un des thèmes dominants de la peinture catalane, et sur la partie haute, un calvaire.
Mirador del Rei Martí – Du haut de cette tour, on découvre une **vue★★** privilégiée sur toute la vieille ville, dominée par la coupole de La Mercè (*p. 64*), au fond.

MUSEU FREDERIC MARÈS★

Pl. de Sant Iu, 5 - ✆ 932 563 500 - www.bcn.cat/museumares - mar.-sam. 10h-19h, dim. et j. fériés 11h-20h - fermé lun., 1er janv., 1er Mai, 24 juin et 25 déc. - 4,20 € (16-29 ans : 2,40 €).
La minuscule **plaça de Sant Iu**, et les musiciens de rue qui l'animent souvent, donne accès à ce musée étonnant, qui présente une partie des incroyables collections amassées par le sculpteur **Frederic Marès** (1893-1991). Celui-ci est installé dans des dépendances du Palau Reial Major, où son fonds se répartit en deux sections :
Section sculpture – Occupant deux étages et la crypte du palais, elle est composée d'œuvres majeures de la sculpture espagnole, classées chronologiquement.
Vous remarquez bien entendu l'impressionnante **collection★** de crucifix et calvaires en bois polychrome (12e au 14e s.) ainsi que celle de **Vierges à l'Enfant★** romanes et gothiques, une **Mise au tombeau★** du 16e s., composée de six personnages, et **La Vocation de saint Pierre★**, marbre du 12e s. réalisé par le Maître de Cabestany, sculpteur catalan dont l'œuvre est très présente en Languedoc-Roussillon. Admirez la singulière expression des visages, avec leurs yeux ovales semblant jaillir de leurs orbites.
Gabinete del coleccionista – Dans ce « cabinet de curiosités » est exposé le fruit de l'infatigable quête d'un collectionneur, aussi redoutable qu'impénitent. Des milliers d'objets de la vie quotidienne, classés par thèmes, occupent les vastes salles : éventails, bijoux, peignes, gants, pipes, bagues à tabac, jeux de cartes, cannes, montres, boucles, rosaires, faïences, tickets et billets, vénérables appareils photo, composent un véritable petit musée de l'objet quotidien, du plus humble au plus précieux. On accède enfin à l'**atelier** (reconstitué) de l'artiste.

PLAÇA DE RAMÓN BERENGUER EL GRAN

Derrière la statue équestre de Ramón Berenguer III, dit le Grand, œuvre de Josep Llimona, s'étend un petit square un peu vide, mais largement ouvert sur la via Laietana. Du côté opposé, se dresse une importante partie de la **muraille romaine** (4e s.) qui se prolonge vers la carrer de la Tapineria et la carrer de las Murallas Velles. Hautes de 18 m avec deux étages aux fenêtres en arcs semi-circulaires, trois des sept tours d'origine sont entièrement conservées. Au 13e s., elles furent reliées par des voûtes afin de permettre la construction de la Capella Santa Àgata du Palau Reial qui surplombe ces vestiges.

VIA LAIETANA

Cette grande artère rectiligne, qui traverse la vieille ville en direction du port et de la Barceloneta, fut ouverte dans la première décennie du 20e s., entraînant le déplacement ou la démolition de nombreux bâtiments. Elle marque une frontière entre le Barri Gòtic et les quartiers de La Ribera et du Born.

La Ribera★ et El Born★

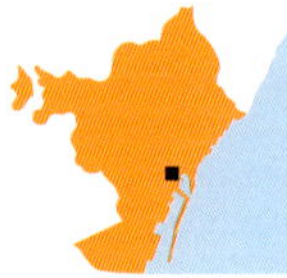

Le quartier médiéval des corporations d'artisans, des marchands et des armateurs ne se contente pas de posséder des joyaux de l'art gothique catalan. Il est devenu l'un des endroits les plus branchés de Barcelone, où les galeries d'art et les boutiques de designers chics s'égrènent au fil de ruelles ponctuées de bars à bobos. Les amateurs de street art ne manqueront pas d'y suivre à la trace certains graffeurs de talent qui y investissent murs et portails.

▶**Accès :** La Ribera s'étend à l'est du Barri Gòtic. Jaume I (L4), Urquinaona (L1 et 4) ou Arc del Triomf (L1) pour le parc de la Ciutadella.
Plan de quartier p. 31. Plan détachable E4-5.
▶**Conseil :** Cette promenade mérite bien une journée entière… et peut se prolonger en soirée dans un bar ou un restaurant du quartier.

PALAU DE LA MÚSICA CATALANA★★★

(Palais de la Musique catalane)
C/Palau de la Música, 4-6 - 932 957 200 - www.palaumusica.cat - visite guidée (55mn) ttes les 30mn (en fr., angl., esp. ou catalan) - sept.-juin : 10h-15h30 ; Sem. sainte et juil. : 10h-18h ; août : 9h-18h - 18 € (-10 ans gratuit).

Dans l'étroite **carrer de Sant Pere més Alt**, ce singulier monument, chef-d'œuvre du modernisme, s'affirme comme le symbole le plus marquant de l'identité catalane du début du 20e s. Il a été élevé par **Lluís Domènech i Montaner** entre 1905 et 1908, pour le compte de l'Orfeó Català, créé en 1891 par Lluís Millet (1867-1914) dans le but de diffuser la musique populaire catalane.

La rénovation du quartier a permis d'offrir une vision d'ensemble sur le spectaculaire **extérieur★**. Le décor de mosaïques colorées et le groupe sculpté représentant la chanson populaire ont été réalisés par Miquel Blay.

La salle de concert coupe le souffle avec ses baies vitrées et l'admirable **coupole inversée★★**, en verre polychrome, merveille ornementale qui apporte une touche de délicatesse à cet ensemble. À gauche de la scène, un buste de **Josep Anselm Clavé** (1824-1874), fondateur de nombreuses chorales populaires, symbolise la musique catalane.

À droite, se dresse l'extraordinaire **Chevauchée des Walkyries** flanquée d'un buste de Beethoven. Ces dynamiques sculptures de Gargallo, illustrant la musique internationale,

Palais de la Musique catalane.

complètent les silhouettes de mosaïque et le buste en relief qu'Eusebi Arnau a placé au fond de la scène. Nombre de détails insolites parsèment cet espace surprenant dont la visite est incontournable.

MERCAT DE SANTA CATERINA

Av. de Francesc Cambó, 16 - www.mercatsantacaterina.com - lun., merc. et sam. 7h30-15h30, mar. et jeu.-vend. 7h30-20h30.
Ouvert en 1848, le plus vieux marché de Barcelone a été doté en 2004 d'un toit ondulant en mosaïque colorée, aux motifs de fruits et légumes, réalisé par les architectes Enric Miralles et Benedetta Tagliabue. Ces travaux ont révélé des vestiges remontant à l'âge de bronze ainsi que des élements de l'ancien couvent dominicain de Santa Catarina (13e s.). Un **espace patrimonial** aménagé par le MUHBA *(accès par le marché ou la carrer Joan Capri - lun.-sam. 7h30-15h30 - gratuit)* retrace l'histoire de ce quartier, de la préhistoire à nos jours.

CARRER DE MONTCADA★★

Le commerce maritime a joué un rôle capital dans l'histoire de la ville : aux 13e et 14e s., Barcelone contrôlait le trafic méditerranéen, notamment vers les Baléares, la Sardaigne, la Sicile et l'Italie méridionale. Les familles de marchands régnèrent longtemps sur la ville. Ils s'étaient établis sur la carrer de Montcada, une voie rectiligne reliant le centre-ville au port de l'époque, Vilanova del Mar. Au-delà de la **carrer de la Princesa**, première rue de la ville à avoir été pavée, elle réunit ainsi un ensemble unique de palais de la fin du Moyen Âge.

Palau Berenguer d'Aguilar★ – *C/Montcada, 15.* Cette magnifique résidence, modifiée aux 15e et 18e s., conserve nombre d'éléments de l'architecture des demeures nobles de la Barcelone médiévale, inspirées des palais des marchands italiens. La façade concentre sa décoration autour des fenêtres de l'étage inférieur et présente des balcons en fer forgé ajoutés ultérieurement. Le **patio central★**, qui comporte un escalier conduisant à l'étage noble, est égayé par des arcades ouvertes, des moulures décoratives ainsi que des jarres rappelant le passé marchand des propriétaires. Ce palais, et ses voisins, le **Palau Castellet** (n° 17), le **Palau Meca**, édifice baroque (n° 19), et le **Palau Finestres** (n° 23) abritent le Museu Picasso (*p. 32*).

Palau del Marquès de Llió – *C/Montcada, 12.* Comme le palau Berenguer d'Aguilar, il s'inscrit dans la tradition du gothique catalan : patio central, escalier menant à l'étage noble et rez-de-chaussée destiné aux dépendances. Il doit son aspect actuel aux transformations effectuées au 18e s. Le corps supérieur de la façade ouvre sur une galerie qui servait à étendre les pièces de laine.

Ce palais, ainsi que l'élegant **Palau Nadal** (12e s.) qui le jouxte, abrite le Museu de les Cultures del Món (*p. 32*).

Casa Cervelló-Giudice – *C/Montcada, 25.* Cette maison du 15e s. (patio et escalier desservant l'étage noble) fut habitée par la grande famille des Cervelló, puis par les Giudice, banquiers génois, avant d'être investie par la **galerie Maeght**.

Palau Dalmases – *C/Montcada, 20.* C'est la demeure qui conserve la plus grande richesse décorative. De construction ancienne, comme en témoigne la voûte de sa chapelle de style médiéval tardif, elle fut reconstruite à la fin du 17e s. La transformation du bâtiment fut étroitement suivie par la famille Dalmases, qui s'étaient enrichie dans le commerce du textile. On leur doit les splendides **frises★** de la rampe de l'escalier couvert, orné de colonnes torsadées et de treilles entrelacées. Elles illustrent des sujets mythologiques tels l'Enlèvement d'Europe et le Char de Neptune.

MUSEU EUROPEU D'ART MODERN (MEAM)★

(Musée européen d'Art Moderne)

C/Barra de Ferró, 5 - 933 195 693 - www.meam.es - mar.-dim. 10h-20h - fermé lun., 1er janv. et 25-26 déc. - 9 € (-10 ans gratuit).

Installé dans le Palau Gomis (18e s.), ce musée entend faire la part belle à l'art figuratif contemporain. Peintures et sculptures, d'un réalisme bluffant, sont signées de jeunes artistes du monde entier.

SE RESTAURER
- Bacoa Kiosko.................................. 43
- Bar del Pla...................................... 38
- Cal Pep... 41
- Casa Delfin...................................... 54
- La Bàscula....................................... 53
- La Fabrica....................................... 52
- Le Cucine Mandarosso.................. 42
- Nou Celler....................................... 34
- Santa Caterina Cuines................... 23
- Senyor Parellada............................ 36

PRENDRE UN VERRE
- Antic Teatre.................................... 20
- Bornet.. 19
- El Xampanyet.................................. 13
- La Vinya del Senyor........................ 12
- Mundial Bar..................................... 29
- Pastisseria Brunells......................... 14
- Ten's.. 21

SHOPPING
- Almacen Marabi............................... 29
- Biba... 28
- Bubó.. 22
- Galería Maxó.................................... 18
- Mercat de Santa Caterina................ 2
- Olivart... 30

MUSEU PICASSO★★

C/Montcada 15 - ✆ 932 563 000 - www.museupicasso.bcn.es - ♿ - mar.-dim. 9h-19h (jeu. 21h30) - fermé lun., 1er janv., 1er Mai, 24 juin et 25 déc. - 11 €, 14 € avec expo. temporaire (18-25 ans 7 €, 7,50 € avec expo. temporaire ; -18 ans, dim. 15h-20h et 1er dim. du mois gratuit).

Occupant quatre palais de la carrer Montcada (*◐ p. 30*), ce musée témoigne de la relation entre **Picasso** et Barcelone, ville où il étudia et séjourna de 1895 à son départ pour Paris (1903). La section consacrée à la jeunesse et à la formation du jeune Pablo est remarquable et met en lumière la précocité de l'artiste. Vous y verrez des dessins de son enfance, des exercices libres et des œuvres d'inspiration académique comme *La Première Communion* (1896) et *Science et Charité* (1897). Une section est consacrée à la **période bleue**, une autre aux huiles qu'il peignit en 1917 lors d'un séjour à Barcelone. L'exceptionnelle série de **Las Meninas**★ (1957) comprend 57 toiles, passionnante réflexion autour de l'œuvre de **Velázquez**. L'ensemble est complété par différentes toiles consacrées au thème des *Pigeons*, quelques paysages et d'autres pièces importantes comme le *Portrait de Jacqueline* (1957).

MUSEU DE CULTURES DEL MÓN★

(Musée des Cultures du monde)

C/Montcada, 12 - ✆ 932 562 300 - www.museuculturesmon.bcn.cat - mar.-sam. 10h-19h, dim. et j. fériés 10h-20h - fermé lun., 1er janv., 1er Mai, 24 juin et 25 déc. - 5 € (-16 ans et 1er dim. du mois gratuit), billet combiné avec le musée égyptien 12 €.

Installé dans le Palau del Marquès de Llió (*◐ p. 30*) et le Palau Nadal, ce musée passionnant nous invite à appréhender la richesse et la diversité culturelle de différents peuples d'Afrique, d'Océanie, d'Asie et d'Amérique, à travers leurs pratiques artistiques. Une muséographie épurée met en valeur les superbes pièces de la collection (statues, masques, peintures, céramiques, bijoux, etc.), tandis que des panneaux interactifs complètent la présentation.

CATEDRAL DE SANTA MARIA DEL MAR★★

Pl. de Santa Maria, 1 - www.santamariadelmarbarcelona.org - lun.-vend. 9h-13h, 17h-20h30, w.-end 10h-14h, 17h-20h30 - gratuit - visite guidée (55mn) de l'église et des toits 10€ (info et réservation sur www.riostabarcelona.com).

Construite au 14e s. avec une rapidité inhabituelle pour un tel édifice (56 ans), cette église devint vite le centre spirituel du quartier. Elle est souvent appelée « la cathédrale de la Ribera », car les travailleurs du port qui demeuraient dans la Ribera commanditèrent sa construction, rivalisant ainsi avec les bourgeois qui finançaient alors la cathédrale. Le résultat de cette initiative populaire fut une église merveilleuse d'harmonie et d'élégance.

Extérieur★★ – C'est une des seules églises gothiques catalanes dont

l'extérieur soit entièrement achevé. Ses trois façades – la principale donnant sur la plaça de Santa Maria, la seconde sur la carrer de Santa Maria et la dernière sur le passeig del Born – sont représentatives de ce style : prédominance de l'horizontalité, contreforts massifs, grand nombre de surfaces nues et piliers octogonaux.
Décorée de part et d'autre des statues de saint Pierre et de saint Paul, la façade principale présente sur son tympan un important groupe sculpté. La **rosace★** (15e s.), de style flamand, flanquée de deux tours-clochers à base octogonale, est remarquable. Le long de la carrer de Santa Maria, on peut apprécier les gargouilles des contreforts, le revers des vitraux et la régularité de la monumentale architecture. La porte de l'abside (entrée habituelle), située sur le passeig del Born, bien que de style gothique, a été réalisée en 1542.
Intérieur★★★ – On est d'emblée frappé par la beauté de ce prodige architectural. Santa Maria del Mar réunit les deux grandes réussites du gothique catalan : épuration des formes et amplitude de l'espace. Les trois vaisseaux de grande hauteur, séparés par de sveltes piliers octogonaux, donnent une grande légèreté, car les supports intérieurs sont réduits à leur plus simple expression. Le maître-autel est entouré par une curieuse forêt de colonnes, qui se rejoignent en formant une voûte. Du fait des désordres anticléricaux du passé, la décoration intérieure a disparu, mais ce dépouillement involontaire ne fait que mettre l'architecture en valeur.
Devant la façade, la **plaça de Santa Maria**, animée, invite à une pause. Ouvrant sur la rue, la **plaça del Fossar de les Moreres**, bordée de vieilles demeures aux façades rosées, arbore une flamme, honorant la mémoire des Barcelonais victimes des combats de 1714 et enterrés sur place.

PASSEIG DEL BORN★

Avant de se déplacer sur la Rambla au 18e s., le cœur de la ville battait autour de cette avenue. Les nobles y suivaient les tournois (« born ») et le peuple fréquentait cette promenade où se tenaient les fêtes populaires. Au bout du passeig se dresse l'ancien marché.

MERCAT DEL BORN★

Pl. Comercial, 12 - ✆ 932 566 851 - www.elbornculturaimemoria.barcelona.cat - mars-oct. : mar.-dim. 10h-20h ; nov.-fév. : mar.-sam. 10h-19h (dim. 20h) - fermé 1er Mai et 24 juin - gratuit - exposition permanente 4,40€.
Œuvre de **Josep Fontseré** (1874), ce marché est l'un des premiers exemples d'architecture industrielle en Espagne. Il abrite désormais un centre culturel, **El Born Centre de Cultura i Memòria**. En entrant, vous pouvez admirer la beauté de l'architecture composée de fer et de verre, où la lumière naturelle met en valeur le résultat des fouilles effectuées lors des travaux *(visibles depuis le rdc ; panneaux en catalan, espagnol et anglais)*. Le centre s'articule autour de ces vestiges

qui datent de la fin du 17e s. et du début du 18e s., époque à laquelle une partie de ce quartier fut détruite pour permettre la construction de la citadelle (*Parc de la Ciutadella*). Vous pourrez y voir une exposition permanente sur la vie quotidienne dans **La Barcelone de 1700**. Le centre organise également des expositions temporaires et des visites guidées.

MUSEU DE LA XOCOLATA

(Musée du Chocolat)
C/Comerç, 36 - 932 687 878 - www.museuxocolata.cat - lun.-sam. 10h-19h (20h du 15 juin au 15 sept.), dim. et j. fériés 10h-15h - fermé 1er et 6 janv., 25-26 déc. - 6 € (-7 ans et 1er lun. du mois gratuit).
Le musée présente des sculptures en chocolat réalisées par différents pâtissiers locaux et relate une intéressante histoire du chocolat et de sa conquête des palais européens.

PARC DE LA CIUTADELLA★

Après la longue résistance de Barcelone au siège de Felipe V (1714), celui-ci fit construire à partir de 1715 une citadelle afin de dominer la ville. Le chantier entraîna la démolition de plus de mille maisons de la Ribera. La Citadelle devint, comme le château de Montjuïc, le symbole de la répression contre la cité. Sa démolition intervint après la révolution libérale de 1868, cédant la place à un parc public où se tint l'Exposition universelle de 1888. Depuis l'**Arc de Triomf**, porte d'accès à l'Exposition, le **passeig de Lluís Companys** conduit à l'intérieur de l'enceinte.
Castell dels Tres Dragons★★ – Ce monumental bâtiment néogothique en fer et brique rouge, réalisé par **Domènech i Montaner** en 1887, abritait le restaurant de l'Exposition. À l'extérieur, notez les grandes fenêtres d'inspiration gothique, les créneaux de style roman et les panneaux en céramique sur lesquels sont peintes des figures allégoriques et des images fantastiques.
Hivernacle i Umbracle – Il s'agit de deux serres, l'une en verre et en fer, la seconde en brique et en bois. La première s'est reconvertie en café.
Cascade★ – Construite avec la participation du jeune Gaudí, cette cascade géante est précédée par une place circulaire. À côté se trouve un étang où on peut louer des barques.
Plaça de Armes – Cet espace paysager conserve les seuls vestiges de la forteresse, parmi lesquels l'**arsenal**, bel édifice baroque, actuel siège du Parlement de Catalogne. Sur la place s'étale un étang ovale au centre duquel se trouve la sculpture, très connue, *Desconsol (Chagrin)*, œuvre de Josep Llimona.

ZOO DE BARCELONA

Plan Port Vell-La Barceloneta p. 63
902 457 545 - www.zoobarcelona.com - 16 mai-15 sept. : 10h-20h ; 19 mars-15 mai et 16 sept.-29 oct. : 10h-19h ; 30 oct.-18 mars : 10h-17h30 - 19,90 € (-12 ans 11,95 €, -3 ans gratuit).
Le zoo présente une large sélection d'animaux parmi lesquels des dauphins dressés.

EL
BORN
CC

La Rambla★★ et El Raval

Aménagée à l'emplacement d'un torrent (« al ramla » en arabe), la Rambla est, avec son allée centrale ombragée, la promenade incontournable de la ville. Cette longue avenue qui descend vers la mer est à elle seule un univers où se presse une foule dense et bigarrée, flânant entre les kiosques, parmi les vendeurs de souvenirs et les artistes de rue. Reliant la plaça de Catalunya au Port Vell, elle sert aussi de charnière entre le Barri Gòtic, à l'est, et El Raval, à l'ouest, l'ancien quartier des marins, aujourd'hui repaire des étudiants.

▶**Accès :** La L3 du métro longe la Rambla. Catalunya, Liceu et Drassanes.
Plan de quartier p. 39. Plan détachable D4-6.
▶**Conseil :** La Rambla est toujours animée, même si l'ambiance est fort différente selon le moment de la journée. Profitez de votre flânerie… tout en prenant garde aux pickpockets. Les amateurs d'art contemporain peuvent se rendre directement au MACBA en descendant à Universitat (L1, L2).

La Rambla ou les Rambles ?

*La grande promenade de la capitale catalane mérite le pluriel puisqu'elle porte cinq noms différents au fil d'un parcours de plus d'un kilomètre. La **Rambla de Canaletes**, partie la plus proche de la plaça de Catalunya, doit son nom à une fontaine : selon la légende, le visiteur qui boit son eau est assuré de revenir à Barcelone ! Puis vient la **Rambla dels Estudis**, baptisée en souvenir de la première université de Barcelone qui s'y élevait jadis. On la nomme aussi Rambla dels Ocells (« des oiseaux »), car elle fut le siège d'un marché aux oiseaux. Quintessence de la ville, la **Rambla de les Flors** (« des fleurs »), ou de Sant Josep, foisonne de couleurs. Flanquée de platanes ramenés du parc de la Devesa de Gérone à la fin du 19e s., elle est encadrée par les étals des fleuristes parmi lesquels déambulent les passants. Le peintre Ramón Casas (1866-1932) l'immortalisa dans de nombreux tableaux et épousa même une belle fleuriste. Jadis, de nombreux édifices religieux s'élevaient le long de cette partie de la Rambla, mais troubles anticléricaux et incendies ont transformé l'allée, toujours très animée, en une longue suite de cafés, d'hôtels et de boutiques de souvenirs. Au-delà de la **pla de la Boqueria** débute la **Rambla dels Caputxins**, également appelée Rambla del Centre. À hauteur de cette placette située juste avant la façade du Liceu, ne manquez pas le pavement dessiné au centre de l'allée par Joan Miró. Plus au sud, peintres et caricaturistes se sont approprié la **pla del Teatre.** Enfin, la **Rambla de Santa Mònica** marque la jonction de la Rambla avec la mer. Le **Palau Marc**, de style néoclassique, est le siège du département de la Culture de la Generalitat.*

MUSEU D'ART CONTEMPORÀNI DE BARCELONA (MACBA)★★

(Musée d'Art contemporain)
***Plan détachable* C5**
Pl. dels Àngels, 1 - ✆ 934 120 810 - www.macba.tv - ♿ - lun. et merc.-vend. 11h-19h30, sam. 10h-21h, dim. et j. fériés 10h-15h - fermeture 30mn av. - fermé mar. (sf j. fériés) - 10 € (-14 ans gratuit).

Réalisé par l'architecte américain **Richard Meier**, cet **édifice**★★ se rattache à la tradition rationaliste méditerranéenne privilégiant la lumière naturelle. Au pied de la façade blanche du musée s'étend un agréable parvis auquel on accède, depuis la Rambla, par une des rues les plus sympathiques du quartier, la **carrer de Bonsuccés**, que prolonge la **carrer Elisabets**.

Sur la plaça dels Àngels, contrastant avec les lignes géométriques du musée qui lui fait face, l'ancienne église gothique du couvent dels Àngels, désormais restaurée, accueille un espace d'expositions temporaires baptisé « **capella MACBA** ».

Les vastes salles blanches du musée constituent un cadre parfait pour la **collection permanente**★ composée de quelque 1500 œuvres de la seconde moitié du 20e s. : une place particulière est accordée aux apports catalans et aux tendances étrangères ayant particulièrement marqué l'art contemporain en Catalogne.

On trouve des œuvres représentatives du constructivisme et de l'abstraction (*Beschwingte Bindungen* de Paul Klee, deux mobiles d'Alexander Calder, le *Concetto Spaziale* de Lucio Fontana, la *Femme dans la nuit* de Joan Miró, *Planos de color con dos maderas superpuestas* de Joaquín Torres-García et les magnifiques variations autour de la *Desocupación no cúbica del espacio* de Jorge Oteiza) ; des travaux d'une nature plus expérimentale (*Réserve des Suisses morts* de Christian Boltanski, *Das Glab in den Lüften* d'Anselm Kiefer et *Portrait* de Muntadas), ainsi que des pièces représentatives des années 1980 (*Tríptic de Granada* de Joan Hernández Pijuan, *Dues creus negres* d'Antoni Tàpies, *Pintura 2* – hommage à Joan Miró – d'Alberto Refols Casamada, *Black Flower* de José María Sicilia).

Il faut également citer *Saison des pluies 2* (1990), œuvre du Majorquin

Mosaïque au sol sur le Pla de l'Os de Joan Miró.

Miquel Barceló, interprétation personnelle de la pluie en tant que symbole de la fécondité et de la régénération, et *Asociació Balnearia 2* (1987), sculpture monumentale de Susana Solano, où la robustesse du fer forgé trouve son complément dans les troncs d'arbres empilés le long du mur, créant ainsi un contraste saisissant entre la diversité de la nature et la froideur de la construction humaine. Le MACBA présente en outre des expositions temporaires et des concerts.

CENTRE DE CULTURA CONTEMPORÀNIA DE BARCELONA (CCCB)

(Centre de culture contemporaine)
Plan détachable C4-5
C/Montalegre, 5 - ✆ 933 064 100 - www.cccb.org - ♿ - mar.-dim. 11h-20h ; 5-6 janv. et 24, 26 et 31 déc. 11h-15h - fermé lun. (sf j. fériés), 1er janv. et 25 déc. - entrée 1 expo. 6 € (-25 ans 4 €), 2 expos 8 € (-25 ans 6 €), -12 ans et dim. 15h-20h gratuit. Accès au mirador (1er dim. du mois 11h-20h) gratuit.
Une partie du Macba, le CCCB et le Centre d'Estudis i de Recursos culturals occupent l'ancienne Casa de la Caritat (maison de la Charité), de la fin du 18e s. L'édifice, remodelé par les architectes Piñón et Viaplana, associe dans son singulier **patio★** une décoration originale, réalisée à partir de **sgraffites** et de mosaïques à motifs floraux. Une gigantesque paroi de verre, dans laquelle se reflète la partie ancienne du patio, ferme le quatrième côté de la cour.
Le CCCB accueille des conférences, des expositions temporaires et diverses manifestations en rapport avec la culture contemporaine.

CENTRE D'ESTUDIS I DE RECURSOS CULTURALS

(Centre d'études et de ressources culturelles)
C/Montalegre, 7 - ✆ 934 022 565 - ♿ - tlj sf w.-end et j. fériés 8h-20h.
Pénétrez sous le porche de ce Centre d'études consacré à la recherche,

SE RESTAURER

Can Culleretes........ 24
Dos Palillos........ 44
Els Quatre Gats........ 21
En Ville........ 46
La Esquina........ 45
Los Caracoles........ 29
Taller de Tapas........ 25
Teresa Carles........ 47
Viana........ 27
Café de l'Òpera........ 5
Casa Almirall........ 23
El Bosc de les Fades........ 6
Irati........ 7
La Llibertària........ 22
Pastelería Escribà........ 4
Holala ! Plaza........ 15
Kokua........ 6
La Central del Raval........ 12
Mercat de la Boqueria........ 1
Torrons Vicens........ 32
Wah Wah........ 14

PRENDRE UN VERRE

Bar Lobo........ 16

SHOPPING

Art Escudellers........ 10
El Celler de la Boqueria........ 13
Herbolari del Rei........ 31

SORTIR

Bar Marsella........ 3
Jamboree........ 1
La Concha........ 4
La Macarena........ 11

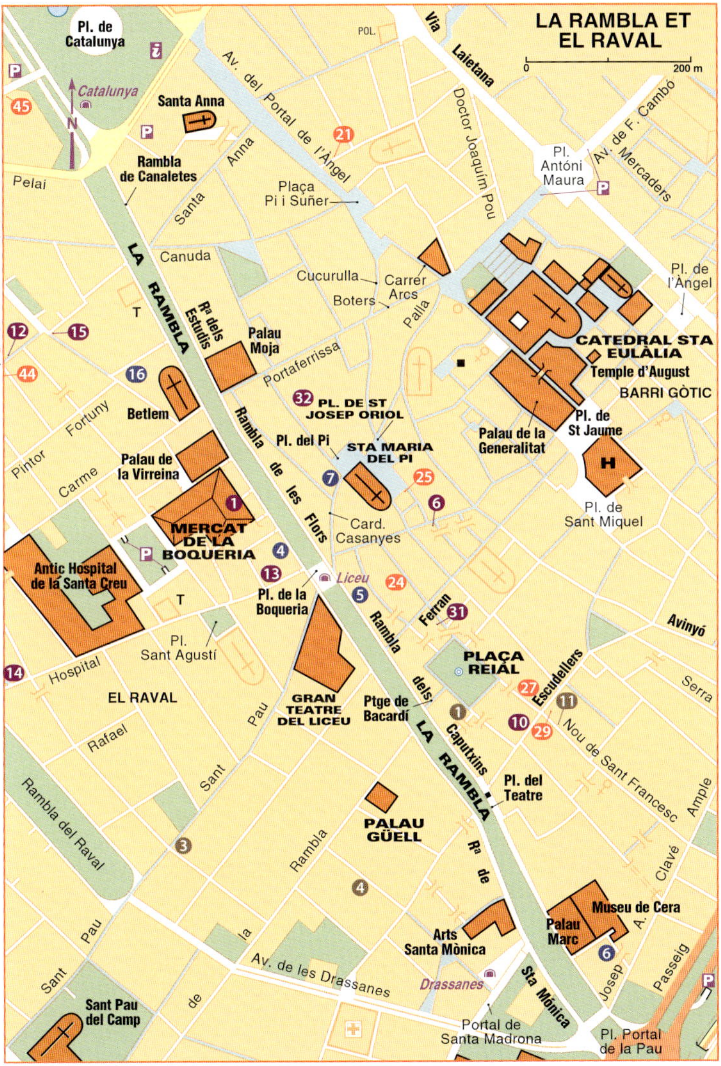
LA RAMBLA ET EL RAVAL
0
200 m
Pl. de Catalunya
Catalunya
Santa Anna
Rambla de Canaletes
Pelai
Santa
Anna
Av. del Portal de l'Àngel
Plaça Pi i Suñer
Via Laietana
Doctor Joaquim Pou
Pl. Antóni Maura
Av. de F. Cambó
Mercaders
Canuda
LA RAMBLA
Ra dels Estudis
Palau Moja
Cucurulla
Carrer Arcs
Boters
Palla
Portaferrissa
Pl. de l'Àngel
CATEDRAL STA EULÀLIA
Temple d'August
BARRI GÒTIC
MACBA
Fortuny
Betlem
Pintor
Carme
Palau de la Virreina
Rambla de les Flors
PL. DE ST JOSEP ORIOL
Pl. del Pi
STA MARIA DEL PI
Palau de la Generalitat
Pl. de St Jaume
Pl. de Sant Miquel
MERCAT DE LA BOQUERIA
Card. Casanyes
Antic Hospital de la Santa Creu
Liceu
Pl. de la Boqueria
Ferran
Rambla dels Caputxins
Avinyó
Pl. Sant Agustí
PLAÇA REIAL
Escudellers
Hospital
EL RAVAL
GRAN TEATRE DEL LICEU
Ptge de Bacardí
Serra
Nou de Sant Francesc
Pau
Rafael
Sant
Pl. del Teatre
Ample
Rambla del Raval
PALAU GÜELL
Rambla
Ra de Sta Mònica
Clavé
Museu de Cera
Palau Marc
A.
Arts Santa Mònica
Av. de les Drassanes
Drassanes
Josep
Passeig
Sant Pau del Camp
Portal de Santa Madrona
Pl. Portal de la Pau
POL.
T
H
1
3
4
5
6
7
10
11
12
13
14
15
16
21
22
23
24
25
27
29
31
32
44
45
46
47

pour découvrir l'harmonieux **Pati Manning** (18e s.), à deux étages de galeries sur colonnades, lui aussi décoré de sgraffites et de mosaïques.

PALAU MOJA

C/de la Portaferrissa, 1.
Ancienne demeure du grand poète **Jacint Verdaguer** (1845-1902), ce palais baroque de la fin du 18e s. a subi les influences françaises (classicisme et sobriété des lignes). Il accueille désormais des expositions temporaires.

ESGLÉSIA DE BETLEM

C/del Carme, 2.
Les premières crèches publiques de la cité furent présentées dans cette église baroque (17e et 18e s.), qui faisait jadis partie du couvent des jésuites, aujourd'hui disparu. Seule la monumentale façade qui ouvre sur la carrer del Carme a survécu à l'incendie qui la dévasta lors des événements de 1936. Remarquez les grandes colonnes torses.

ANTIC HOSPITAL DE LA SANTA CREU

(Hôpital de la Sainte-Croix)

C/del Carme, 47 et C/Hospital, 56.
L'ancienne église de cet hôpital, fondé en 1401 par le roi Martí Ier, accueille des expositions temporaires. Un peu plus loin dans la rue, un passage donne accès à une longue cour aménagée en jardin et dotée d'un café. Sur la droite se trouve la façade en pierres taillées de l'ancienne **maison de Convalescence**. Son dépouillement apparent cache un vestibule aux exubérantes frises de mosaïque polychrome et un patio à deux étages de colonnes toscanes. C'est aujourd'hui le siège de l'Institut d'études catalanes.

Sur la gauche, on peut voir la façade du **collège de Chirurgie**. Au fond, on accède au patio central (jardins de Rubio y Lluch).

Patio central★ – L'amplitude de ce patio gothique paysager produit un effet impressionnant. Deux escaliers conduisent aux immenses salles des étages supérieurs où les malades de jadis ont cédé la place aux livres de la **bibliothèque de Catalogne**, créée en 1914.

PALAU DE LA VIRREINA - CENTRE DE LA IMATGE★

(Palais de la Vice-Reine)

La Rambla, 99 - ✆ 933 161 000 - www.lavirreina.bcn.cat - mar.-dim. et j. fériés 12h-20h - gratuit.

À la fin du 18e s., Manuel de Amat, qui avait été gouverneur du Chili puis vice-roi du Pérou, dut sa célébrité pour l'essentiel à sa liaison avec une actrice péruvienne devenue la fameuse Périchole de Mérimée puis d'Offenbach. Quand il revint à Barcelone à la tête d'une grande fortune, il fit construire ce somptueux palais, mélange de styles baroque et rococo. Les dépendances et le patio aménagés en **Centre de la Imatge** (« de l'image ») servent de cadre à des expositions temporaires.

La Rambla.

MERCAT DE LA BOQUERIA★

La Rambla, 91 - ☏ 933 182 584 - www.boqueria.info - lun.-sam. 8h-20h30.

Ce marché traditionnel, couvert d'une belle verrière aux armatures en fer forgé, est le plus important de la ville. Allez-y dans la matinée, lorsque l'animation bat son plein, et profitez-en pour satisfaire une petite fringale à l'un des kiosques ou des comptoirs qui ponctuent les allées.

BASÍLICA DE SANTA MARIA DEL PI★

Accès par la C/Cardenal Casañas - ☏ 933 184 743 - www.basilicadelpi.com - 10h-18h - fermé 1er et 6 janv., 12 mai et 25-26 déc. - 4 € (7-16 ans 3 €, -7 ans gratuit), entrée libre pour les offices (lun.-vend. 19h, sam. 18h30 et 20h, dim. 12h et 13h) - visite guidée (45mn - 8,50 €) en mai-oct. (lun.-vend. à 12h, 13h, 15h et 16h) ou toute l'année sur réservation (☏ 931 984 067 - www.riostabarcelona.com).

Cette basilique du 14e s. était jadis le siège des confréries de quelques-unes des nombreuses corporations du quartier. Elle se dresse sur la plaisante petite **plaça del Pi**, dont les boutiques, cafés et bars à tapas s'animent en fin de journée. L'ornement le plus significatif de la façade de l'église est une grande **rosace**, flanquée de deux tours inachevées.

L'**intérieur**★ (qui accueille fréquemment des concerts) a été conçu selon le plan typique des églises gothiques catalanes (une seule nef et des chapelles latérales). L'absence de décoration met en valeur les éléments architecturaux.

PLAÇA DE SANT JOSEP ORIOL★

Au pied de l'imposante façade latérale de Santa Maria del Pi, cette jolie place accueille le monument érigé à la mémoire du dramaturge **Àngel Guimerà** (1845-1924). L'endroit est prisé des touristes et de la bohème, et ses nombreuses terrasses sont animées par des peintres, des musiciens et des poètes.

GRAN TEATRE DEL LICEU★

La Rambla, 51-59 - ✆ 934 859 914 - www.liceubarcelona.cat - ♿ - visite guidée (45/50mn; 9/16 €) : lun.-vend. ttes les h. 9h30-12h30 et 14h-18h - visite « express » (30mn; 6 €) : tlj à 13h30 - fermé 1er et 6 janv., 25-26 déc. et août.

Créé par la société culturelle Liceu Filharmònic-Dramàtic Barcelonès, ce théâtre fut inauguré en 1847. Le premier bâtiment, œuvre de J. O. Mestres et M. Garriga i Roca, construit sur les terrains de l'ancien couvent des Trinitaires, fut inauguré en 1847. Dévasté en 1861 puis en 1994 par des incendies, mais à chaque fois reconstruit, il fut en outre victime d'un grave attentat fomenté en 1893 par des groupes anarchistes qui avaient pris pour cible ce lieu de rencontre de la bourgeoisie industrielle et financière.

La salle du Liceu (une des plus grandes d'Europe) a servi de cadre à la première de plusieurs œuvres de compositeurs prestigieux. Elle a accueilli les ballets de Diaghilev ainsi que les plus grandes voix, comme l'emblématique cantatrice catalane, Montserrat Caballé.

PALAU GÜELL★★

Nou de la Rambla, 3-5 - ✆ 934 725 775 - www.palauguell.cat - avr.-oct. : mar.-dim. 10h-20h ; nov.-mars : mar.-dim. 10h-17h30 - dernière entrée 1h av. fermeture - fermé lun. (sf j. fériés), 1er et 6 janv., 25-26 déc. - 12 € (10-17 ans 5 €, -10 ans gratuit).

Cette spectaculaire demeure fut construite par **Antoni Gaudí** de 1886 à 1890. Elle a beau être une œuvre de jeunesse, elle reflète l'idée que se faisait Gaudí de l'architecture, et son désir de dépasser le style historiciste en vogue à la fin du 19e s.

Sur la **façade**★, en pierre blanche, se mêlent des symboles catalans comme le dragon et les « quatre barres », ornés de motifs imaginaires et des initiales d'**Eusebi Güell**. Elle présente deux grands arcs paraboliques à l'entrée, et de magnifiques grilles en fer forgé, encadrées de serpents. L'emploi innovant des matériaux (remarquez dans le hall le plancher imitant un dallage de briques), le traitement de la lumière qui devient un élément d'intégration des différents espaces, et l'utilisation du bois pour les plafonds à caissons des salons constituent certaines des clefs que nous dévoile la visite de cette magnifique demeure.

Le grand **salon central** (occupant trois étages) est la salle la plus remarquable avec sa superbe coupole parabolique percée de petits yeux laissant filtrer la lumière et évoquant la voûte céleste. Comme dans ses autres constructions, Gaudí laisse libre cours à son imagination sur la terrasse : les sols ondulent et les cheminées, comme autant de coiffes oniriques groupées autour de la lanterne du grand salon, sont tapissées de mosaïques.

PLAÇA REIAL★★

(Place Royale)
Cette vaste et harmonieuse place, bordée de bâtiments uniformes (repérez les médaillons à l'effigie de navigateurs ou explorateurs), fut dessinée entre 1840 et 1850, par Francesc D. Molina. Elle est devenue l'un des coins incontournables des nuits barcelonaises. Sous les arcades fleurissent *cervesserias* (bars à bière), cafés et restaurants et, le dimanche, se tient un marché aux timbres et aux monnaies. Au centre, planté de quelques palmiers, subsistent deux réverbères dessinés par Gaudí.
Jetez un coup d'œil au **passeig Bacardí**, galerie de fer et de verre qui ramène sur la Rambla. Un passage conduit de la place à la **carrer de Ferran**, longue rue commerçante où abondent bars, hôtels et restaurants, et qui relie la Rambla à la plaça de Sant Jaume ; de l'autre côté, vous rejoindrez, en empruntant un autre passage, la **carrer dels Escudellers**, quelque peu gagnée par l'ambiance du Barri Xino.

X. Fores & J. Roncero/age fotostock

Plaça Reial.

Néo-bobo ou chaud bouillant ?

Délimité par les Rambles, à l'est, la ronda de Sant Pau, à l'ouest, et le port, au sud, le faubourg d'El Raval, était jadis un lieu de débauche et de perdition, hanté par les marins, les femmes de petite vertu et les dealers en tout genre. Haut lieu de l'immigration – ce qui lui valut son surnom de ***Barri Xino*** *–, il dégageait une ambiance canaille qui nourrit l'imaginaire des écrivains (Juan Marsé, Camilo José Cela ou, chez nous, André Pieyre de Mandiargues et Jean Genet). Profondément remodelé, irrigué par la Rambla del Raval et ses cafés, enrichi d'équipements culturels, il cède désormais aux sirènes de la gentrification. Les matelots et les prostitué(e)s ont cédé la place aux artistes et aux étudiants. Sauf que... multiculturel et vivant le jour, le quartier est envahi à la nuit tombée (notamment dans sa partie sud) par de jeunes touristes parfois avinés, en quête de sexe « low cost », nourrissant les protestations des riverains qui veulent faire place nette.*

ARTS SANTA MÒNICA

La Rambla, 7 - ✆ 935 671 110 - www.artssantamonica.gencat.cat - mar.-sam. 11h-21h, dim.et j. fériés 11h-17h - fermé lun., 1er et 6 janv., Vendredi saint, 1er Mai et 25-26 déc. - gratuit.

Installé dans un ancien couvent du 18e s., ce centre d'art contemporain est spécialisé dans la nouvelle production d'art catalan et propose une vingtaine d'expositions temporaires chaque année.

MUSEU DE CERA

(Musée de Cire)

Pg de la Banca, 7 - ✆ 933 172 649 - www.museocerabcn.com - juil.-août : 10h-22h ; reste de l'année : lun.-vend. 10h-13h30, 16h-19h30, w.-end et j. fériés 11h-14h, 16h30-20h30 - 15 € (5-11 ans 9 €, -5 ans gratuit).

Sur la façade de cet hôtel particulier du 19e s., des sculptures anciennes côtoient *Superman* et *C-3PO*, l'androïde de la *Guerre des étoiles*. Plus de 360 figures reproduisent ainsi des personnages célèbres, réels ou fictifs. La forêt enchantée du café **El Bosc de les Fades** vaut le coup d'œil.

ESGLÉSIA SANT PAU DEL CAMP

C/de Sant Pau, 101 - Ⓜ Paral.lel. - ✆ 934 410 001 - lun.-vend. 9h30-12h30, 15h30-18h30, sam. 10h-12h30 - entrée au cloître 3 €.

Cette église de style roman lombard (fin du 10e s.), bâtie selon un plan cruciforme, est l'une des plus anciennes de la ville et faisait partie d'un ancien monastère bénédictin. La façade est décorée d'arcatures aveugles soutenues par des supports sculptés et la lanterne octogonale, baroque, est surmontée d'un clocher ajouré. L'intérieur, à nef unique, affiche de sobres proportions. La chapelle du Saint-Sacrement, ancienne salle capitulaire, est accessible par le bras droit du transept. Véritable splendeur, le petit **cloître★** (11e-12e s.), cadré par sa galerie d'arcs trilobés et ses colonnes géminées, est des plus agréables.

Eixample★★★

Né de la nécessité d'agrandir Barcelone, l'Eixample fut le véritable miroir de l'essor économique de la bourgeoisie barcelonaise et la vitrine de l'architecture moderniste. Le quartier en rassemble les joyaux les plus emblématiques, comme la Casa Batlló, la Pedrera ou la Sagrada Família.

▶**Accès :** Selon les endroits que vous souhaitez visiter, descendez au Ⓜ Catalunya (L1, L3), Gràcia (L3), Urquinaona (L4), Sagrada Família (L5) ou Lesseps (L3) ou profitez du Bus Turístic qui passe près des principaux sites.

***Plan de quartier** p. 46-47. **Plan détachable** C2-3, D2-3.*

▶**Conseil :** consacrez une journée à ce vaste quartier et n'hésitez pas à parcourir les avenues la tête en l'air pour ne manquer aucune façade surprenante. Pensez à réserver vos billets sur Internet pour éviter la queue lors des visites !

PLAÇA DE CATALUNYA

(Place de Catalogne)

Cette immense place, d'une superficie comparable à celle de la place de l'Étoile à Paris, est le point de rassemblement des Barcelonais lors des grands événements, qu'il s'agisse d'une victoire importante du Barça ou de la remise en cause des droits de la Catalogne... Ce trait d'union entre la vieille ville et l'Eixample (« L'Extension ») a été aménagé en 1927 par Francesc de P. Nebot. Toujours animée, la place est bordée d'immeubles de tous styles abritant des commerces bien connus (le grand magasin El Corte Inglés, la Fnac...), et de grands cafés, allant du **Café Zurich**, fondé en 1862 et qui a su préserver son atmosphère presque viennoise malgré les modernisations, au **Hard Rock Café** où l'ambiance est naturellement tout autre.

Urbanisme rationnel et fantaisie architecturale

*En 1859, Madrid imposa l'ingénieur **Ildefons Cerdà** (1815-1876) pour dessiner le nouvel espace dans lequel la ville de Barcelone devait s'étendre, l'Eixample (l'extension). Il conçut alors un réseau de rues de 20 m de large, parallèles à la mer, dont les carrefours avec de grandes avenues perpendiculaires s'effectueraient en chanfrein. Seule entorse à ce quadrillage parfait : l'avinguda Diagonal, voie principale de la nouvelle ville qui devait conduire à la plaça de les Glòries Catalanes, alors supposée devenir la place centrale de la cité. La construction de l'Eixample coïncida avec l'une des périodes les plus brillantes de la ville. Le développement économique avait provoqué l'éclosion d'une bourgeoisie prospère, soucieuse de faire de Barcelone une grande ville et séduite par le **modernisme**, avatar local de l'Art nouveau, devenu le symbole visuel de l'Eixample grâce au génie de trois architectes majeurs : Antoni Gaudí, Lluís Domènech i Montaner et Josep Puig i Cadafalch.*

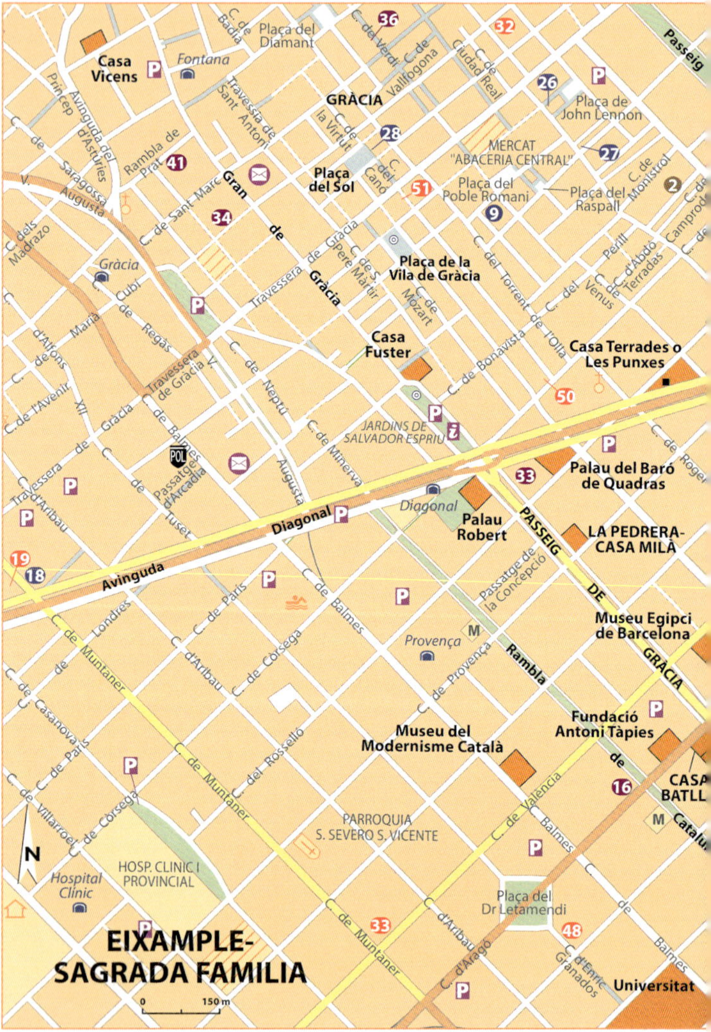
EIXAMPLE-
SAGRADA FAMILIA
Casa Vicens
Fontana
Plaça del Diamant
GRÀCIA
Plaça de John Lennon
MERCAT "ABACERIA CENTRAL"
Plaça del Sol
Plaça del Poble Romani
Plaça del Raspall
Plaça de la Vila de Gràcia
Casa Fuster
Casa Terrades o Les Punxes
JARDINS DE SALVADOR ESPRIU
Palau del Baró de Quadras
Diagonal
Palau Robert
LA PEDRERA-CASA MILÀ
Avinguda Diagonal
Museu Egipci de Barcelona
Provença
Fundació Antoni Tàpies
Museu del Modernisme Català
CASA BATLL
PARROQUIA S. SEVERO S. VICENTE
HOSP. CLINIC I PROVINCIAL
Hospital Clinic
Plaça del Dr Letamendi
Universitat
PASSEIG DE GRÀCIA
Rambla de Catalunya
Gran de Gràcia
Travessera de Gràcia
Gràcia
N
0 150 m

SANT PAU RECINTE MODERNISTA
Sagrada Família
Plaça de Gaudí
SAGRADA FAMILIA
Plaça de la Sagrada Família
C. Indústria
C. d'En Grassot
C. Corsega
Passatge del Mariner
C. de Roger de Flor
C. d'Alió
C. de Nàpols
C. del Rosselló
C. de Sicília
C. de Sardenya
C. de Provença
C. de Sardenya
Passatge de Maiol
C. de Sicília
Passatge de Gaiolà
C. de València
C. de València
C. de Lepant
Passatge de Bofill
C. de la Marina
C. d'Aragó
C. de Padilla
C. dels Enamorats
Sant Joan
RROQUIA
PUS CRISTI
Verdaguer
C. de Bailèn
C. de Mallorca
Avinguda
Diagonal
C. d'Aragó
LA INMACULADA
Plaça Braus Monumental
Monumental
C. de Sardenya
C. del Consell de Cent
C. de Sicília
Palau Montaner
EIXAMPLE
C. de Girona
C. d'Aragó
Passeig
de
Sant
Joan
49
C. de Roger de Flor
C. de la Diputació
C. de Nàpols
Passatge de Tasso
Passatge de Bocabella
Passatge del Pagès
Gran Via de las Cortes Catalanas
PARROQUIA S. OLEGARIO
C. de Sicília
MERCAT CONCEPCIÓ
C. de València
C. del Bruc
C. del Consell de Cent
C. de Girona
Girona
Tetuan
C. de la Diputació
C. de Bailèn
C. de Casp
C. de Nàpols
C. de Ribes
C. d'Ausiàs March
C. d'Alí Bei
C. d'Aragó
C. de Roger de Llúria
C. del Bruc
C. de Roger de Flor
Arc de Triomf
Pau Claris
asa-Museu Amatller
20
C. de Casp
C. de Girona
C. d'Ausiàs March
C. de Bailèn
C. d'Alí Bei
Arc de Triomf
Lleó i
era
20
25
36
Ronda de Sant Pere
Trafalgar
PALAU DE JUSTICIA
C. del Bruc
C. de Méndez Núñez
ST PERE DE LES PUELLES
C. de Casp
Ronda de Sant Pere
Urquinaona
JUTJATS MUNICIPALS
Catalunya
EL CORTE INGLÉS
Via Laietana
Palau de la Música Catalana
C. de Llàstics
Museu de la Xocolata
Plaça de Catalunya

SE RESTAURER		PRENDRE UN VERRE		SHOPPING	
Céleri et Woki Organic Market	19	Berlin	18	Colmado Quilez	16
El Nacional	20	Bodega Marín	26	Fulanitu i Manganita	36
Etapes	48	Bodega Raïm	9	Limobebe	20
Granja Petitbo	49	Ciudad Condal	36	Limobebe Gràcia	41
Kuai Momos	51	La Fourmi	27	Pretty Ballerinas	33
La Pepita	50	Les Gens Que J'Aime	8	Vom Fass	34
L'Arrosseria Xàtiva	32	Pudding	25	**SORTIR**	
Taktika Berri	33	Sol de Nit	28	Barcelona Pipa Club	2
Tapa Tapa	31				

Ce nœud de communications urbaines (le sous-sol est le point de rencontre de plusieurs lignes de métro et de trains) est orné entre autres de sculptures de **Llimona** et de **Gargallo**, et d'une copie de la *Deesa* de **Josep Clarà**, chef-d'œuvre du noucentisme, œuvres que la circulation incessante permet difficilement d'apprécier.

RAMBLA DE CATALUNYA★

Cette promenade relie la **Gran Vía de les Corts Catalanes**, axe principal de la ville, à l'**avinguda Diagonal**, longue avenue traçant une diagonale d'est en ouest jusqu'à la mer. Dans ce quartier très animé, les immeubles vieillots de style historiciste alternent avec des structures de fer et de verre et avec des bâtiments plus contemporains, composant une mosaïque variée et surprenante.

UNIVERSITAT DE BARCELONA

Gran Vía de les Corts Catalanes, 585 - ☏ 934 021 100 - www.ub.edu.
L'imposant bâtiment néo-roman de l'Université de Barcelone, dû à l'architecte Elies Rogent, fut élevé entre 1863 et 1882. N'hésitez pas à pénétrer à l'intérieur pour apprécier la fraîcheur d e ses paisibles patios entourés d'arcades et plantés d'orangers, la douceur de son vaste jardin et la richesse décorative de la bibliothèque et des salles nobles situées à l'étage (restez discret).

MUSEU DEL MODERNISME CATALÀ

C/Balmes, 48 - ☏ 932 722 896 - www.mmcat.cat - mar.-sam. 10h30-19h, dim. et j. fériés 10h30-14h - fermé 1er et 6 janv., 1er Mai et 25-26 déc. - 10 € (6-16 ans 5 €, -6 ans gratuit).
Cet immeuble moderniste, édifié en 1904 par **Enric Sagnier**, auteur du Temple del Sagrat Cor du Tibidabo, (*p. 85*), abrite un musée consacré aux différentes facettes de ce style. Au rez-de-chaussée, une section est attribuée au mobilier (œuvres de Joan Busquets et Gaspar Homar, notamment), et un espace est dédié à **Antoni Gaudí** et à son disciple, **Josep Maria Jujol i Gibert**. Le sous-sol, voué aux beaux-arts, présente les grands noms du modernisme : pour la peinture, Ramon Casas, Santiago Rusinyol et Joaquim Mir ;

pour la sculpture, Josep Llimona et Eusebi Arnau.

FUNDACIÓ ANTONI TÀPIES★★

C/Aragó, 255 - ☏ 934 870 315 - www.fundaciotapies.org - ♿ - mar.-dim. 10h-19h - fermé lun., 1er et 6 janv., 25 déc. - 7,50 € (-16 ans gratuit).
Créée par l'artiste en 1984, cette fondation est installée dans le bâtiment moderniste de l'ancienne **Editorial Montaner i Simón★**, œuvre de Lluís Domènech i Montaner.
Cet imposant bâtiment de brique rouge porte en haut de sa façade une grande sculpture de tubes d'aluminium réalisée par **Tàpies**, *Núvol i cadira (Nuage et chaise)*, emblème de la Fondation, figurant l'univers symbolique de l'artiste.
L'intérieur, formé de deux niveaux principaux et d'un sous-sol, est éclairé d'une lumière zénithale traversant la coupole et la pyramide du toit.
Présenté par roulement, le fonds du musée, essentiellement des œuvres léguées par Tàpies, constitue la collection la plus complète de l'artiste et illustre son parcours depuis 1948.
Vous remarquerez notamment les toiles relevant de la fameuse « Serie matérica », où Tàpies s'est interrogé sur le papier mural, considéré comme miroir ou métaphore du temps. L'expressivité de cette surface rugueuse est mise en relief par les symboles que l'artiste y a introduits.
Les diverses nuances de couleur s'ajoutent aux crevasses et aux plis du matériau pour créer une atmosphère dramatique.
La bibliothèque, qui a conservé les étagères de bois de la maison d'édition, possède un important fonds de documents sur l'art du 20e s., des archives sur l'œuvre de Tàpies et une importante section consacrée à la culture et aux arts orientaux qui ont tant influencé l'œuvre du peintre.
Le musée organise aussi des expositions temporaires.

PASSEIG DE GRÀCIA★★★

Cette voie qui reliait la vieille ville au village de Gràcia (p. 56) est devenue au cours du 19e s. la zone résidentielle de la haute bourgeoisie et l'endroit où il était de bon ton de se montrer…
Les **lampadaires★** de l'artère sont l'un des symboles de son identité. Dessinés par **Pere Falqués** en 1900, ils illustrent la vogue du modernisme auprès d'une clientèle d'industriels mécènes. Le passeig (« promenade ») regroupe certains des plus beaux

Le dernier grand maître

*À son décès, **Antoni Tàpies** (1923-2012) fut unanimement salué comme le dernier grand maître de l'art du 20e s. C'est à l'occasion d'un long séjour dans un sanatorium que Tàpies découvrit le dessin et se familiarisa, dès 1946, avec les avant-gardes. Cette même année, il réalisa ses premiers collages confectionnés à l'aide de fils et de débris. Admirateur de Miró, il fonda avec un groupe d'amis la revue Dau al Set qui exercera une grande influence sur le monde intellectuel catalan.*

La Illa de la Discòrdia
On surnomme « L'Îlot de la discorde » le périmètre des trois immeubles (Casa Lleó i Morera, Casa Amatller et Casa Batlló) élevés par les trois architectes les plus importants du modernisme rivalisant en un même lieu. Mais la traduction en catalan a fait perdre le sel du jeu de mots contenu dans le castillan « manzana de la discòrdia », allusion au jugement de Pâris chargé d'accorder la pomme d'or à la plus belle des déesses, « manzana » signifiant à la fois « pomme » et « pâté de maisons » en espagnol. La Illa de la Discòrdia comprend d'autres demeures modernistes, comme la Casa Ramón Mulleras (1911), d'Enric Sagnier, ou la Casa Bonet de Jaume Brossà.

bâtiments de l'architecture caractéristique de ce style.

CASA LLEÓ I MORERA★

Pg de Gràcia, 35 (à l'angle de la carrer del Consell de Cent) - ✆ 936 762 733 - www.casalleomorera.com - fermée pour rénovation.
Ce grand édifice en pierre (1905) est dû à **Domènech i Montaner**. Le décor d'inspiration végétale se concentre sur les balustrades et autour des baies. Remarquez la crête décorative et la niche qui couronnent l'immeuble. La maison est actuellement fermée au public pour rénovation, mais vous pouvez en faire une visite virtuelle complète sur son site Internet.

CASA-MUSEU AMATLLER★★

Pg de Gràcia, 41 - ✆ 934 617 460 - www.amatller.org ou www.casessingulars.com - visite guidée (30mn) - tlj 10h-17h30 (dernier dép.) - 14 € (7-12 ans 8 €, -7 ans gratuit).
Remodelée en 1900 par **Josep Puig i Cadafalch** pour le chocolatier Antoni Amatller (1851-1910), grand voyageur et collectionneur d'art, cette demeure moderniste est l'une des plus emblématiques de l'architecte. Sa superbe façade, ornée de fresques à motifs floraux, dispose de grandes baies vitrées gothiques et de grilles de balcons et de portails d'une finesse exquise. La visite de la maison montre la richesse et la qualité des arts modernistes appliqués à l'architecture (vitraux, mosaïques, reliefs, meubles) et permet d'admirer son mobilier d'origine ainsi qu'une partie des collections du propriétaire.

CASA BATLLÓ★★★

Pg de Gràcia, 43 - ✆ 932 160 306 - www.casabatllo.es - ♿ - tlj 9h-21h (dernière entrée 20h) - 23,50 € avec audioguide (7-18 ans 20,50 €, -7 ans gratuit).
Œuvre magistrale d'**Antoni Gaudí**, dans sa pleine maturité, la maison (1904-1906) présente une **façade** recouverte de disques de céramique et de verre colorés ainsi qu'un étonnant toit revêtu d'écailles. Les singulières baies de l'étage principal lui ont valu le surnom de « maison des Os ou des Bâillements ».
Si l'extérieur éblouit, l'intérieur n'est pas en reste. Chassant toute ligne droite, Gaudí a créé une œuvre

unique. Les escaliers, la toiture, les encadrements des portes et des fenêtres, l'emploi de la lumière, tout est pensé pour former un univers prodigieux directement inspiré de la nature. L'ondulation des formes atteint son point d'orgue avec le plafond en spirale du salon.
En fin de visite, ne manquez pas les façades polychromes de la terrasse à l'arrière, avec ses balcons de fer forgé.

MUSEU EGIPCI DE BARCELONA

(Musée égyptien de Barcelone)
C/València, 284 - ✆ 934 880 188 - www.museuegipci.com - 8 janv.-21 juin et 12 sept.-30 nov. : lun.-vend. 10h-14h, 16h-20h, sam. 10h-20h, dim. 10h-14h ; reste de l'année : lun.-sam. 10h-20h, dim. 10h-14h - fermé 1er et 6 janv. et 25-26 déc. - 11 € (15-18 ans 8€, 6-14 ans 5€), billet combiné avec le musée des Cultures du Monde 12 €.
Les collections de ce musée couvrent les diverses périodes de la civilisation égyptienne (plus quelques pièces d'époque romaine). Notez en particulier les sarcophages, les momies et les masques funéraires qui témoignent de l'importance de la religion et de la vie d'outre-tombe dans l'esprit des Égyptiens, ainsi que la luxueuse collection de bijoux et d'objets d'intérieur. Une statue de Ramsès II et deux statues de grande qualité (Ancien Empire) méritent aussi que l'on s'y arrête.

Artie Photography (Artie Ng)/Moment/Getty Images

Casa Milà (la Pedrera) par Antoni Gaudí.

LA PEDRERA-CASA MILÀ★★★

Pg de Gràcia, 92 - ✆ 902 202 138 - www.lapedrera.com - ♿ - mars-oct. : 9h-20h30 ; nov.-fév. : 9h-18h30 - fermé 2e sem. janv. et 25 déc. - 22 € (7-12 ans 11 €), audioguide inclus - visite nocturne : hor. et tarifs sur Internet.

Appelé communément La Pedrera (« la carrière »), ce bâtiment, construit pour la riche famille des Milà, fourmille de fantaisies architecturales. La **façade**★★, riche de subtilités tant structurelles que formelles, rappelle le mouvement de la mer. Admirez notamment les **grilles** des fenêtres et les garde-fous des balcons.

Combles et terrasse★ – *Accès par ascenseur.* Les arcs paraboliques des combles ont défini un lieu singulier, qui accueille l'**Espai Gaudí**, où études, maquettes, photos et films retracent l'œuvre de l'architecte. De ces combles, un escalier conduit à la **surprenante terrasse** où l'on se promène au cœur d'un paysage magique aux formes capricieuses et aux volumes courbes, peuplée d'inquiétants « guerriers » de céramique. De là s'offrent de spectaculaires **vues**★★ sur Barcelone et sur la Sagrada Família.

El Pis★ – À l'étage, l'**Appartement** se divise en deux sections : la reconstitution d'un intérieur bourgeois du début du 20e s. et une exposition sur la Barcelone de l'époque. Vous découvrirez le mobilier, les ustensiles et les appareils électroménagers de la vie quotidienne d'une famille aisée. Une fois redescendu dans le patio, ne manquez pas de jeter un œil vers le ciel : là se découpent des formes sinueuses et fantasmagoriques propres à donner le vertige.

PALAU DEL BARÓ DE QUADRAS

Av. Diagonal, 373 - ✆ 934 678 000 - www.casessingulars.com - visite guidée (1h) - merc. et sam. à 11h (ang.), 12h (cat.) et 13h (esp.) - 14 € (7-12 ans 6€, -7 ans gratuit).

Ce bâtiment moderniste aux influences gothiques (1904) est une commande de l'industriel Manuel Quadras i Feliu, baron de Quadras, qui confia à **Josep Puig i Cadafalch** la réhabilitation d'un immeuble de la carrer Roselló. L'architecte repensa entièrement le lieu et le transforma de manière à y intégrer à la fois l'habitation du propriétaire et des appartements dédiés à la location. Il le dota d'une seconde façade, totalement différente, donnant sur la nouvelle grande artère de la ville, l'**avinguda Diagonal**. C'est aujourd'hui le siège de l'Institut Ramon Llull. La visite permet d'admirer ce qui reste des décorations intérieures.

CASA TERRADAS-CASA DE LES PUNXES★

Av. Diagonal, 420 - ✆ 930 185 242 - www.casadelespunxes.com - tlj 9h-20h - fermé 25 déc. - 12,50 € (5-17 ans 1,25€, -5 ans gratuit).

Cet édifice (1905), réalisé par **Josep Puig i Cadafalch**, doit son surnom aux pointes (*punxes*) de sa toiture néogothique. C'est ce style que privilégia l'architecte pour réaliser ce château urbain aux résonnances wagnériennes destiné aux trois sœurs Terradas. Pour le réaliser, il eut recours à une série d'innovations technologiques, notamment pour les stuctures métalliques. Si l'extérieur du bâtiment se révèle impressionnant, on regrette que la visite guidée (audiovisuelle) se contente de traverser une série de pièces vides, sous prétexte d'une évocation sans intérêt de la légende de saint Georges. Elle donne aussi accès au toit-terrasse, où des espaces sont dédiés à la vie et au style de l'architecte.

LA SAGRADA FAMÍLIA★★★

C/de la Marina s/n - ✆ 935 132 060 - www.sagradafamilia.org - ♿ - avr.-sept. : 9h-20h ; mars et oct. : 9h-19h ; nov.-fév. : 9h-18h (1er et 6 janv. et 25-26 déc. 9h-14h) - basilique 15 € (11-30 ans 13 €) ; basilique + audioguide 22 € (11-30 ans 20 €) ; basilique + guide 24 € (11-30 ans 22 €, -11 ans 8€) ; basilique + audioguide + tours 29 € (11-30 ans 22 €)- achat préalable en ligne fortement recommmandé.

Josep M. Bocabella, fondateur d'une confrérie vouée à saint Joseph, souhaitait ériger un sanctuaire consacré à la Sainte Famille et inspiré du Sacré-Cœur de Paris. Le chantier débuta en 1882, mais s'arrêta très vite. L'année suivante, **Antoni Gaudí**, alors âgé de 31 ans, fut appelé sur le projet, qu'il transforma complètement et auquel il consacra le reste de sa vie. Au fil du temps, le caractère symbolique qu'il donnait au sanctuaire se complexifia, jusqu'à l'hermétisme. Au moyen d'une minutieuse construction géométrique (toutes les mesures sont calculées à partir d'un module de 7,50 m), il s'attacha à symboliser le lien entre la Terre et le Ciel. S'inspirant à la fois du modèle gothique et du foisonnement de la Nature, il conçut un édifice gigantesque, à six tours (la plus haute se dresse à 172 m) et douze clochers. En forme de croix latine, l'église devait présenter trois façades, respectivement dédiées à la Nativité, à la Passion et à la Mort, et à la Gloire. Chacune devait être flanquée de quatre tours symbolisant les douze apôtres. Sur l'abside, une autre grande tour serait vouée à la Vierge, tandis que la flèche sur la croisée, symbolisant le Christ, serait entourée à son tour de quatre tours, consacrées aux évangélistes.

À la mort de Gaudí, seules avaient été réalisées la crypte, l'abside et la façade de la Nativité. Depuis lors, les travaux continuent, plus ou moins rapidement, et l'on fait tout pour que le sanctuaire soit achevé pour 2026, centenaire de la mort de Gaudí.

Façade de la Nativité★★ – Quatre tours de 115 m surmontent les trois portails de cette façade symboliquement orientée vers le soleil levant. À droite, le portail de la Foi est orné de sculptures sur l'enfance de Jésus et la Visitation. À gauche, le portail de l'Espérance ; au centre, le portail de la Charité, décoré de motifs floraux, que surmonte l'arbre généalogique de Jésus. Les portes en bronze, installées en 2014 et 2015, ont été réalisées par le sculpteur et architecte japonais **Etsuro Sotoo**, très influencé par Gaudí

et converti au catholicisme. Inspirées de la nature, en rappel avec la façade, elles sont couvertes de motifs végétaux, d'insectes et d'oiseaux.
Façade de la Passion★ – Orientée vers le soleil couchant, elle doit ses sculptures expressives et anguleuses à **Josep Maria Subirachs** (1927-2014).
Intérieur★★ – Achevé pour la consécration du sanctuaire, en 2010, par le pape Benoît XVI, il offre la vision saisissante d'une forêt mystique de colonnes arborescentes, voulue par Gaudí pour accentuer la projection verticale. Notez aussi le subtil travail sur la lumière, grâce aux vitraux de Joan Vila-Grau. Du haut des tours *(accès par ascenseur)* se dégage une **vue panoramique★★** exceptionnelle.
Crypte – Gaudí est enterré dans la crypte, aujourd'hui aménagée en un passionnant musée-atelier où sont présentés plans, maquettes, dessins et projets, ainsi que des photos des travaux à diverses époques.

SANT PAU RECINTE MODERNISTA★★

(Enceinte moderniste de Sant Pau)
C/Sant Antoni Maria Claret, 167 - Sant Pau-Dos de Maig - 935 537 801 - www.santpaubarcelona.org - visite libre : lun.-sam. 10h-16h30 (18h30 avr.-oct.), dim. et j. fériés 10h-14h30 ; visite guidée (1h30) : tlj à 10h30 (français), 11h (ang.), 12h (esp.) et 12h30 (cat.) - fermé 1er et 6 janv., 25-26 déc. - visite libre 13 € (12-29 ans 9,10 €), visite guidée 19 € (12-29 ans 13,30 €) ; gratuit -12 ans, 1er dim. du mois, 12 fév., 23 avr., 8 mai et 24 sept.

Au bout de l'avinguda de Gaudí, l'enceinte de l'ancien Hospital de la Santa Creu i Sant Pau (1916-2009) s'étend sur plus de 3,5 ha. Conçue par **Lluís Domènech i Montaner**, cette œuvre monumentale fut construite entre 1902 et 1930 grâce au mécène Pau Gill, dont les initiales s'entrecroisent sur les façades. Des 16 bâtiments modernistes construits alors, 12 sont l'œuvre de Domenèch i Montaner, le reste est dû à son fils.
La visite débute dans la **salle des colonnes** (hypostyle), qui donne accès au réseau de tunnels souterrains connectant les différents pavillons. Dans le **pavillon de Sant Salvador** sont exposées une maquette des bâtiments et une présentation retraçant l'histoire de l'institution et de l'architecte Domenèch i Montaner. Une fois dans le jardin, vous découvrez le **pavillon central** (anciennes salles d'opération) et les 8 pavillons symétriques qui accueillaient les malades, répartis autour d'une allée arborée. Ornés de mosaïques en céramique à thèmes mythologiques et historiques, ils constituent un ensemble remarquable. Ne manquez pas le **pavillon de Sant Rafael**, qui accueille une exposition de photos, et, surtout, le **pavillon de l'Administration★**, où se concentrent les salles les plus riches en ornementation, aux plafonds et colonnes couverts de mosaïques polychromes. De l'étage, on bénéficie en outre d'une belle vue sur l'ensemble de l'enceinte.
Inscrit au patrimoine mondial en 1997, puis réhabilité, l'hôpital accueille aujourd'hui un centre de recherche.

Gràcia et le Park Güell★★

Aucune attraction vraiment touristique dans ce quartier à l'ambiance chaleureuse et bohème ! Ville ouvrière, indépendante de Barcelone jusqu'en 1897, républicaine de la première heure, Gràcia veille jalousement sur son identité catalane et son esprit libertaire. D'ailleurs les drapeaux catalans aux balcons des immeubles et les nombreux graffitis sur les murs donnent le ton. Vous aimerez son ambiance intime, presque villageoise, entre ruelles étroites, petites places animées et terrasses où boire un verre en regardant jouer les enfants. Au nord du quartier, vous rejoindrez le Park Güell, l'un des chefs-d'œuvre de Gaudi. Bain de foule garanti !

▶**Accès :** Ⓜ Diagonal (L3, L6, L10) pour aborder le quartier par le sud, Gràcia (L3), Fontana (L4) ou Verdaguer (L4, L10). Bus 92 au départ de l'Hospital de Sant Pau ou Ⓜ Lesseps (L3) pour le Park Güell.

Plan de quartier p. 57. Plan détachable B1-2, C1-2.

▶**Conseil :** Le quartier de Gràcia est le plus sympathique en fin de journée, quand les places et les bars s'animent. Pour éviter une longue attente, réservez impérativement en ligne votre visite du Park Güell.

CASA FUSTER★

Pg de Gràcia, 132.

En haut du passeig de Gràcia, difficile de manquer les colonnades de cet immeuble moderniste conçu entre 1908 et 1911 par **Lluís Domènech i Montaner**, l'architecte de la Casa Lleó Morera, du Palau de la Música Catalana et de l'hôpital Sant Pau. C'est devenu un hôtel de luxe et pour le prix d'une consommation vous pourrez vous enfoncer dans les coussins moelleux du bar ou prendre un cocktail sur le toit !

PLAÇA DE LA VILA DE GRÀCIA★

Place principale de la ville au temps de son indépendance, siège de la

SE RESTAURER
- Kuai Momos 51
- La Pepita 50
- L'Arrosseria Xàtiva 32

PRENDRE UN VERRE
- Bar Virreina 10
- Bodega Marín 26
- Bodega Raïm 9
- La Fourmi 27
- Sol de Nit 28

SHOPPING
- Fulanitu i Manganita 36
- Limobebe Gràcia 41
- Pretty Ballerinas 33
- Rekup & co 37
- Vom Fass 34

SORTIR
- Barcelona Pipa Club 2

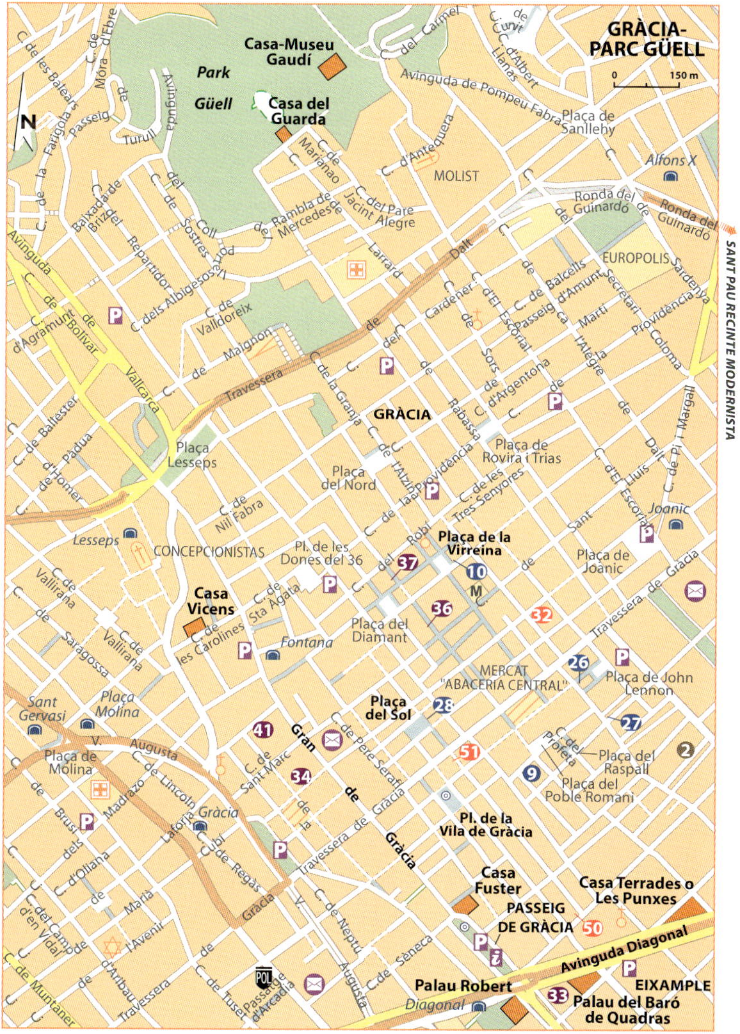
GRÀCIA-
PARC GÜELL
0
150 m
N
Park
Güell
Casa-Museu
Gaudí
Casa del
Guarda
MOLIST
Plaça de
Sanllehy
Alfons X
Ronda del
Guinardó
EUROPOLIS
SANT PAU RECINTE MODERNISTA
Avinguda de Pompeu Fabra
Travessera de Dalt
GRÀCIA
Plaça
Lesseps
Lesseps
Plaça de
Rovira i Trias
Plaça
del Nord
CONCEPCIONISTAS
Pl. de les
Dones del 36
Plaça de la
Virreina
Plaça de
Joanic
Joanic
Casa
Vicens
Fontana
Plaça del
Diamant
MERCAT
"ABACERIA CENTRAL"
Plaça de John
Lennon
Plaça
del Sol
Sant
Gervasi
Plaça
Molina
Plaça de
Molina
Plaça del
Raspall
Plaça del
Poble Romani
Gran de Gràcia
Pl. de la
Vila de Gràcia
Gràcia
Casa
Fuster
PASSEIG
DE GRÀCIA
Casa Terrades o
Les Punxes
Avinguda Diagonal
Palau Robert
Diagonal
EIXAMPLE
Palau del Baró
de Quadras
Travessera de Gràcia
Vallcarca
Avinguda de Vallcarca
V. Augusta
Via Augusta
C. de Muntaner
37
10
36
32
26
28
27
2
41
51
9
34
50
33

Casa de la Vila (ancienne mairie reconnaissable à sa façade bleue), la jolie plaça de Gràcia doit son charme à ses terrasses de cafés et à son **campanile** (1862-1864). En 1870, alors que Gràcia s'insurgeait contre la conscription, sa cloche retentit sans interruption durant six jours pour appeler à la rébellion, malgré les projectiles dont l'armée la bombardait. Lors de la **Festa Major de Gràcia** (*p. 132*), l'une des plus spectaculaires des fiestas de Barcelone, c'est sur cette place que se produisent les Castellers de la Vila de Gràcia, échafaudant les tours humaines de 6 à 10 étages, traditionnelles de la culture catalane.

PLAÇA DEL SOL

Rien de très spectaculaire à voir sur cette place rectangulaire, haut lieu des luttes anarchistes et libertaires, que les touristes visitent rarement. Les gens du quartier s'y retrouvent, histoire de prendre l'air sur un banc ou un verre au bar, en grignotant quelques tapas. On y fait salon tout en savourant la douceur de vivre catalane, avant d'enterrer la nuit dans l'un des bars du quartier. En 1869, on y avait planté un cèdre surnommé « l'Arbre de la Llibertat », en l'honneur de la révolution de septembre 1868 détrônant la reine Isabelle II.

CASA VICENS★

C/Carolines, 18-24 - ✆ 935 537 801 - www.casavicens.org - ouverture au public prévue fin 2017.

Commandée par un riche homme d'affaires, cette maison est la première réalisation personnelle de **Gaudí** (1883-1888), alors qu'il était encore un architecte débutant. La même année, il abordait aussi le chantier de la Sagrada Família. Pour la Casa Vicens, il n'a pas encore pris le parti des lignes courbes, mais on reconnaît dans le style orientalisant son sens du détail, son goût pour les couleurs, les céramiques et les motifs floraux. Inscrite au patrimoine mondial de l'Unesco en 2005, elle a fait l'objet en 2015-2017 d'une ambitieuse restauration pour en faire une maison-musée.

PLAÇA DE LA VIRREINA

Au pied de l'église Sant Joan, cette paisible place, bordée de modestes

Un héritage contestataire

*Gràcia revendique haut et fort son héritage ouvrier et contestataire. Le bourg indépendant, puis le quartier qu'il est devenu, s'est toujours trouvé aux premières loges des luttes libertaires, notamment des anarchistes, dès les années 1870. Parmi les tout premiers journaux de cette mouvance politique, plusieurs furent fondés à Gràcia. Mais la quête libertaire ne s'arrêtait pas aux ouvriers. Le mouvement féministe trouva l'une de ses plus illustres fondatrices à Gràcia : **Teresa Claramunt** (1862-1931), ouvrière dans le textile, y créa la première société féministe d'Espagne en 1892. Anarchiste convaincue, elle fut soupçonnée et arrêtée à chaque grande émeute de Barcelone.*

immeubles où vivaient les ouvriers du textile, est la plus représentative de l'ambiance villageoise de Gràcia.
En 1909, durant la Semaine tragique *(p. 137)* et les émeutes contre la mobilisation, l'église fut incendiée. Elle fut de nouveau endommagée en 1936 par les militants anarchistes qui craignaient qu'elle ne serve à recruter des miliciens franquistes.

PARK GÜELL★★

C/Olot, 1 - 902 200 302 - www.parkguell.cat - ♿ - mai-août : 8h-21h30 ; avr. et sept.-oct. : 8h-20h ; nov.-mars : 8h30-18h30 - 8 € (7-12 ans 5,60 €, -7 ans gratuit). Réservez vos billets en ligne pour faire des économies et éviter l'attente sur place.

La plus connue des commandes faites par Eusebi Güell à **Gaudí** devait être une cité-jardin qui n'a jamais été achevée.
À l'entrée du parc, dans la **Casa del Guarda**, l'un des deux pavillons en forme de champignon qui abritaient la conciergerie, est installée une annexe du musée d'histoire de Barcelone *(mêmes horaires que le parc - 932 562 100 - www.museuhistoria.bcn.cat)*. Une exposition retrace, à l'aide de documents audiovisuels, l'histoire des constructions de Gaudí, celles du parc Güell et de Barcelone au temps du modernisme.
Un escalier, gardé par un « dragon » (en fait, une salamandre) de mosaïque, mène ensuite à la **salle des Cent Colonnes**. Cet ample espace, prévu pour servir de marché et qui, en réalité, ne comprend que 86 colonnes doriques très penchées, est superbe. Dans la mosaïque du toit, tout en ondulations, sont encastrés des éclats de céramique : les fameux *trencadís*. Vous les retrouverez sur l'interminable **banc ondulant**★★ qui borde, au-dessus de la salle des colonnes, la grande place circulaire, extraordinaire **mirador** sur la ville.
Casa-Museu Gaudí★ – *Ctra del Carmel, 23A - 932 193 811 - www.casamuseugaudi.org - avr.-sept. : 9h-20h ; oct.-mars : 10h-18h - fermé 1er et 6 janv., 25-26 déc. - 5,50 € (11-17 ans 4,50 €)*. Pour compléter la visite de ce lieu magique, entrez dans la maison où vécut Gaudí de 1906 à 1926 et admirez la collection de meubles qu'il a conçus.

PARC DE LA CREUETA DEL COLL

Mare de Déu del Coll, 89 - Vallcarca (L3).
Cette carrière désaffectée est devenue un parc, agrémenté d'un lac où l'on nage en été au-dessous d'une grande sculpture de Chillida, *Elogio del Agua (Éloge de l'eau)*.

Port Vell★ et la Barceloneta★

Au bout des Rambles, l'air devient plus vif, Barcelone s'ouvre enfin sur le Port Vell et la mer. L'étendue d'eau qui miroite, le claquement des drisses de voiliers le long des mâts : la Méditerranée est là, un brin corsetée, revêtue de neuf, de l'autre côté de l'élégante passerelle. Et puis, il suffit de contourner les bassins pour retrouver la Barceloneta, la ville des marins et des pêcheurs, encore populaire dans les ruelles qui fleurent la paëlla. Et enfin, la plage. Tout un programme !

Accès : Drassanes au bas des Rambles (L3) et Barceloneta (L4).
Plan de quartier p. 63. Plan détachable E5-6, F5-7.
Conseil : Prévoyez de déjeuner dans ce quartier pour profiter du soleil et de la mer ensuite.

La réhabilitation du secteur portuaire a débuté avec l'aménagement du **Moll de Bosch i Alsina** ou **Moll de la Fusta**, l'ancien quai où l'on stockait le bois. La promenade surélevée et bordée de palmiers ouvre sur le port de plaisance et donne au centre-ville une véritable fenêtre sur la mer. L'ensemble du quartier qui s'étend au débouché maritime de la Rambla y a trouvé un nouveau dynamisme.

MONUMENT A COLOM

(Monument de Colomb)
Pl. Portal de la Pau, s/n - 932 853 834 - 8h30-20h30 - fermé 1er janv. et 25 déc. - 6 € (-12 ans 4 €).
Au débouché de la Rambla surgit la haute colonne du monument érigé à la mémoire de **Christophe Colomb**. Réalisé en 1886 par **Gaietà Buïgas**, il commémore le retour du navigateur génois à Barcelone, où il fut reçu par les Rois Catholiques, après son premier voyage en Amérique. La statue est devenue l'une des marques de l'identité de Barcelone, plus par le prestige que lui ont attribué les Barcelonais que par sa beauté. Du haut de l'étroite tour *(claustrophobes et sujets sensibles au vertige, s'abstenir)* 52 m plus haut, s'ouvre un beau **panorama★** sur la ville.

MUSEU MARÍTIM★★

Av. de les Drassanes s/n - 933 429 920 - www.mmb.cat - - tlj 10h-20h - fermé 1er et 6 janv., 25-26 déc. - musée + pailebote 10 € ; pailebote seule 3 € (-17 ans et dim. après 15h gratuit) - audioguide (en français) inclus.
Occupant les superbes bâtiments des Arsenaux Royaux, les **Drassanes**

Les Drassanes

Près du monument de Colomb, les anciens chantiers navals médiévaux, les plus importants à nous être parvenus, constituent un superbe exemple d'architecture civile gothique catalane. Sous le règne de Pere III el Gran (v. 1240-1285), on dressa un bâtiment composé d'une cour fortifiée entourée de porches et de tours de défense élevées à chaque angle. Pere IV, dit le Cérémonieux (1319-1387), élargit les porches est et ouest et les transforma en salles voûtées composées de huit nefs parallèles où l'on pouvait travailler sur trente galères à la fois. À la fin du 16e s., les chantiers devinrent propriété de la Generalitat qui y ajouta huit nefs de plus de 100 m. Mais la découverte du Nouveau Monde marqua la prédominance de l'Atlantique sur la Méditerranée et, donc, la décadence des galères. Démantelées, les Drassanes furent transformées en quartier d'artillerie, puis en Musée maritime.

(*encadré ci-dessus*), ce musée moderne doté d'une muséographie interactive et ludique (vidéos, écrans tactiles) propose une passionnante promenade à travers l'histoire de ce lieu unique et de la marine catalane. La grande nef centrale abrite la spectaculaire reproduction, grandeur nature, de la **galère royale de Don Juan d'Autriche★★**, qui commanda les troupes chrétiennes à Lépante (1571). Construit à cet endroit, ce vaisseau de 60 m de long et plus de 6 m de large, qui pouvait embarquer jusqu'à 400 personnes, révèle une admirable ornementation sculptée et de splendides peintures allégoriques. Outre les bateaux et les figures de proue de sa collection permanente, exposée par roulement, le musée propose par ailleurs d'intéressantes expositions temporaires.

Pailebot Santa Eulàlia – *Moll de la Fusta - avr.-oct. : mar.-dim. et j. fériés 10h-20h30 (sam. 14h-20h30) ; nov.-mars : mar.-dim. et j. fériés 10h-17h30, sam. 14h-17h30 - fermé lun., 1er et 6 janv., 25-26 déc. - musée + pailebote 10 € ; pailebote seule 3 €, -17 ans et dim. après 15h gratuit.* Ce trois-mâts (1918) de 47 m de long mouille au Moll de la Fusta (Bosch i Alsina), sur le Port Vell, au-delà de la Rambla de Mar. Il est possible de monter à son bord et la goélette organise divers ateliers pédagogiques tout au long de l'année.

PORT VELL★

Le **vieux port** est devenu un lieu de balade très fréquenté. Traversant le bassin, que ferme sur la droite le **World Trade Center** dessiné par Ieoh Ming Pei, une passerelle de bois, la **Rambla de Mar**, permet de gagner le Moll d'Espanya, qui réunit l'Aquàrium et le complexe commercial **Maremagnum**, avec ses restaurants, son cinéma et ses bars.

AQUÀRIUM★

Moll d'Espanya del Port Vell, s/n - ✆ 932 217 474 - www.aquariumbcn.com - ♿ - juil.-août : 10h-21h30 ; juin et sept. : 10h-21h ; avr.-mai et oct. : lun.-vend. 10h-20h, w.-end et j. fériés

SE RESTAURER
- Agut 39
- Can Majó 57
- Can Solé 40
- La Mar Salada 55
- Makamaka 56
- Marea Alta 37
- Segons Mercat 26

PRENDRE UN VERRE
- Bar Electricitat 31
- Can Paixano 11
- Celta 15
- Marea Baja 17
- Milk 30

SHOPPING
- Papabubble 8

Museu del Modernisme Català .... M²

10h-20h30; reste de l'année : 10h-19h30 (w.-e. 20h) - 20 € (5-10 ans 15 €, 3-4 ans 7 €, -3 ans gratuit). Réservez vos billets en ligne, pour faire des économies (2 €) et éviter l'attente sur place.
C'est l'un des plus grands zoos marins d'Europe. Dans une vingtaine de bassins, on peut voir évoluer toutes les espèces méditerranéennes et des spécimens tropicaux. Au cours de la visite, on emprunte, sous le regard circonspect des requins, l'**Oceanari**, un tunnel transparent long de 80 m. Un espace ludique et pédagogique, **Explora!**, permet aux plus jeunes de participer à des activités interactives.

BASÍLICA DE LA MERCÈ★

C/Ample et pl. de la Mercè - www.
 basilicadelamerce.cat - lun.-mar., jeu.-vend. et dim. 10h-20h, merc. et sam. 10h-13h, 18h-20h - visite guidée dim. à 13h (10 €).
La basilique consacrée à la patronne de Barcelone date de 1760. L'élévation principale, sur la plaça de la Mercè, est le seul exemple barcelonais de façade baroque légèrement courbe. Sur la **carrer Ample**, la seconde façade, de style Renaissance, fut transportée jusqu'ici d'une église voisine en 1870. La coupole, de style éclectique (fin du 19e s.), est surmontée par une statue monumentale de la Mare de Déu de la Mercè (Vierge de la Merci).
L'intérieur, à vaisseau unique avec des chapelles latérales et un court transept, présente une riche décoration à base de revêtements de marbre et de grandes fenêtres aux jalousies très travaillées. Ne manquez pas la belle **statue★** gothique de la Mare de Déu de la Mercè, réalisée par **Pere Moragues** (1361).

LA LLOTJA★

À l'origine, la **Bourse de commerce** se trouvait sous un porche à l'air libre où se négociaient les marchandises débarquées au port. À la fin du 14e s., les marchands entreprirent la construction d'un vaste bâtiment, qui devint le siège du Consulat de la mer. L'imposant édifice actuel a été reconstruit à la fin du 18e s. dans le style néoclassique. Il est actuellement le siège de la chambre de commerce et d'industrie. De l'édifice médiéval ne subsiste que la grande **Salle gothique★★**, dont les énormes proportions n'ont d'égales que celles de la « loggia » de Florence. Ses trois nefs, séparées par des triples arcades en plein cintre, sont une réponse méditerranéenne au gothique élancé des pays septentrionaux.

PORXOS D'EN XIFRÉ

Après la découverte de l'Amérique, de nombreux Catalans partirent y faire fortune. Beaucoup revinrent à Barcelone après leur réussite. Ces *indianos* se firent construire de magnifiques demeures privées.
Ce fut le cas de **Josep Xifré i Cases** (1777-1856) qui, après avoir amassé une fortune à Cuba, devint l'homme le plus riche de Barcelone. Les bâtiments néoclassiques à arcades qu'il fit ériger (et où la famille Picasso logea à son arrivée dans la ville en 1895) abritent des magasins.

B. Gardel / hemis.fr

Port Vell, par les architectes Helio Piñon et Albert Viaplana.

DUANA NOVA

(Nouvelle douane)
Le bâtiment, détruit par un incendie en 1777, fut reconstruit dans un goût néoclassique aux tendances rococo. Depuis 1902, il abrite la préfecture (**Delegació del Govern**).

ESTACIÓ DE FRANÇA★

(Gare de France)
Bâtie en 1929, cette énorme **structure de fer**, couverte d'un toit de verre, est toujours le point de départ de lignes ferroviaires. Elle abrite également des manifestations culturelles.

MUSEU D'HISTÒRIA DE CATALUNYA★

Pl. de Pau Vila, 3 - ✆ 932 254 700 - www.mhcat.cat - ♿ - mar.-sam. 10h-19h (20h le merc.), dim. et j. fériés 10h-14h30 - fermé lun. (sf j. fériés), 1er et 6 janv., 1er Mai, 5 juin, 25-26 déc. - 4,50 € (8-25 ans 3,50 €, -8 ans gratuit).
Sur le Moll del Dipòsit se dresse la silhouette massive du **Palau de Mar**, anciens docks de brique du début du 20e s., construits dans le style de ce que faisaient les Anglais dans les ports comme Londres ou Liverpool. Une partie de l'édifice, rénovée avec soin, héberge aujourd'hui le Museu d'Història de Catalunya.

I. Gonzalo Sanz / age fotostock

La Barceloneta.

Ce dernier propose un parcours passionnant à travers l'histoire de la Catalogne, de la préhistoire à l'époque contemporaine. Outre des expositions temporaires, les locaux accueillent aussi le **Centre de documentation historique de Catalogne**, qui possède un riche patrimoine bibliographique et audiovisuel.

LA BARCELONETA★

Bâti sur une langue de terre à partir de 1752, ce quartier fut conçu par un ingénieur militaire, **J. Martín de Cermeño**, selon un plan régulier (18 rues dont 15 parallèles au port). Il abritait une population de pêcheurs et de marins. Malgré des transformations immobilières, la Barceloneta a conservé son atmosphère populaire très méditeranéenne avec ses places inondées de soleil et ses restaurants où le poisson est roi.

L'élégante église **Sant Miquel del Port★** (1753), qui préside la plaça de la Barceloneta, constitue le noyau de ce quartier qui s'étend de la mer au parc de la Ciutadella (*p. 34*).

Transbordador Aeri del Port – *www.telefericodebarcelona.com - juin-mi. sept. : 10h30-20h ; mars-mai et mi-sept.-oct. : 10h30-19h ; nov.-fév. : 11h-17h30 - 11 € AS, 16,50 € AR.* De la **torre de Sant Sebastià**, ce téléphérique conduit au sommet de la colline de Montjuïc (*p. 81*) en survolant le port à une hauteur de 70 m. Depuis les cabines, vous découvrirez une **perspective★★** privilégiée de la Barceloneta et ses quais.

PLATJA DE SANT SEBASTIÀ ET PLATJA DE LA BARCELONETA

Dominées par la silhouette de l'hôtel W Barcelona, conçu par Ricardo Bofill, ces deux plages contiguës bénéficient de la réhabilitation de la façade maritime, attirant aux beaux jours surfeurs, flâneurs et amateurs de baignade.

El Poblenou et Vila Olímpica★

Symbole du renouveau architectural de Barcelone après les J.O. de 1992, El Poblenou a misé sur le design et les arts contemporains. Pas de doute, c'est le quartier qui monte, celui où les artistes ouvrent des galeries alternatives et où les jeunes couples viennent élever leurs enfants. Il y flotte un parfum dynamique, mélange séduisant d'ambiance provinciale et de grands espaces.

▶**Accès :** Poblenou ou Llacuna (L4) pour le centre du Poblenou, Ciutadella/Vila Olímpica (L4) pour la Vila Olímpica et la promenade du bord de mer, Glòries (L1) ou Monumental (L2) pour le Mercat dels Encants, les théâtres et les musées, et El Maresme-Fòrum (L4) pour le Museu Blau.
Plan de quartier p. 68-69. Plan détachable E1-2, F1-3, G1-4, H1-2.
▶**Conseil :** Faites la balade du bord de mer l'après-midi et profitez de l'ambiance des bars du Poblenou pour l'apéro ou pour sortir.

RAMBLA DEL POBLENOU

Voilà donc à quoi devaient ressembler les Rambles avant que la foule ne les dénature ! Une agréable promenade ombragée, des bancs où différentes générations se côtoient, des cafés, des boutiques sans prétention et bien peu de touristes...
En son centre, l'avenue coupe la **carrer de Pujades**, l'autre axe du quartier, bordée d'anciens entrepôts et usines peu à peu réaffectés à des instituts de design et à des ateliers d'artistes.

PLAÇA DE PRIM

Cette adorable placette bordée de maisons aux façades immaculées est emblématique du vieux Poblenou, quartier historique des pêcheurs, fief des socialistes utopistes et des anarcho-syndicalistes. Vous tomberez sous le charme de ses belombras géants, des arbres importés de la pampa argentine au début du 20e s.

LES PLAGES

Av. del Litoral.
Au nord du Port Olímpic s'étirent deux plages nettement plus tranquilles que celle de la Barceloneta : la **platja del Bogatell**, suivie de la **platja de la Mar Bella**. Une promenade littorale ponctuée de pelouses, de sculptures contemporaines et de buvettes les borde.
La Rambla del Poblenou s'ouvre à la jonction des deux plages, à proximité d'un beau parc de skateboard, très animé le week-end.

Pl. de les Glòries Catalanes
Torre Agbar
Mercat dels Encants
Museu del Disseny de Barcelona
Fundació Vila Casas - Can Framis
Teatre Nacional de Catalunya
Auditori
POBLENOU
Parc Estació del Nord
Arc de Triomf
Parc de la Ciutadella
Castell dels Tres Dragons
Hivernacle
Umbracle
Zoo
Museu de la Xocolata
Museu Picasso
Mercat del Born
Casa Cervelló-Giudice
Estació de França
Duana Nova
VILA OLÍMPICA
Torre Mapfre
Hotel Arts Barcelona
PORT OLÍMPIC
Platja de la Nova Icària
Avinguda Diagonal
Avinguda Meridiana
Avinguda del Bogatell
Clot
Encants
Glòries
Marina
Bogatell
Llacuna
Poblenou
Ciutadella-Vila Olímpica
Plaça dels Enamorats
PLAÇA BRAUS MONUMENTAL
PARRÒQUIA DE LA MARE DE DÉU DEL ROSER
JARDINS D'ANAÏS NAPOLEÓN
JARDINS DE LINA ÒDENA
Plaça Muns
Plaça d'André Malraux
PALAU DE JUSTICIA
UNIVERSITAT POMPEU FABRA
PARLAMENT DE CATALUNYA
Plaça Armes
PARC DE CARLES I
JARDINS D'ATLANTA
PARC DE LES CASCADES
Jardins d'Ada Byron
Jardins de Ca l'Aranyó
Plaça d'Isabel Vila
JARDÍ DE XAVIER BENGUEREL
PARRÒQUIA STA MARÍA DE TAULAT
PARRÒQUIA ST BERNAT CALBÓ
PARRÒQUIA DE ST FRANCESC D'ASSÍS
JARDINS DE MERCÈ PLANTADA
CEMENTERI DE POBLENOU
C. DE RERA EL CEMENTIRI VELL
Plaça de Tirant Lo Blanc
PARC DE LA NOVA ICÀRIA
PARC DEL PORT OLÍMPIC
JARDINS DE MARGARIDA COMAS
Moll del Gregal
B-10
C-31

SE RESTAURER

- Can Recasens 59
- El 58 58
- Els Pescador 60
- Timesburg 61

PRENDRE UN VERRE

- El Tío Che 33
- Xiringuito Escribà 34
- Sa Tramuntana 32

SHOPPING

- La Graneria del Poblenou 38
- Mercat dels Encants 5
- Palo Alto Market 40

SORTIR

- CDLC (Carpe Diem) 13
- Madame George 14
- Ovella Negra Mega taverna 15
- Razzmatazz 7
- Shôko 8

Le parc del Fòrum.

PARC DEL FÒRUM

Au nord des plages, cette zone proche de l'embouchure du Besòs a été aménagée en 2004 pour accueillir le Forum International des Cultures. C'est aujourd'hui un lieu important de détente comprenant un espace pour la baignade et un port de plaisance.

MUSEU BLAU - MUSEU DE CIÈNCIES NATURALS DE BARCELONA (MCNB)★★

(Musée des Sciences naturelles)
Pl. Leonardo da Vinci, 4-5, Parc del Fòrum - El Maresme-Fòrum (L4) (sortie Rambla Prim), Tram T4 (Fòrum) - 932 566 002 - www.museuciencies.bcn.cat - mars-sept. : mar.-sam. 10h-19h, dim. et j. fériés 10h-20h ; oct.-fév. : mar.-vend. 10h-18h, sam. 10h-19h, dim. et j. fériés 10h-20h - fermé lun. (sf j. fériés), 1er janv., 1er Mai, 24 juin et 25 déc. - 6 € (16-29 ans 2,70 €, -16 ans gratuit) ; billet combiné avec le jardin botanique de Montjuïc 7 € ; dim. à partir de 15h et 1er dim. du mois gratuit.
Le navire amiral du Fòrum, un immense édifice triangulaire d'un bleu soutenu, conçu par les architectes Herzog et De Meuron, accueille une partie du Museu de Ciències Naturals de Barcelona. L'exposition permanente, « Planète vie », est divisée en deux parties : « Biographie de la Terre » et « La Terre aujourd'hui ». La visite est un véritable

spectacle : projections sur les murs ou sur écrans, vidéos donnant les explications claires de scientifiques, sons ou « quizz » interactifs, offrent une nouvelle jeunesse aux sciences naturelles, sans nuire pour autant à la rigueur scientifique.

VILA OLÍMPICA★

Si la Barceloneta conserve une partie de son charme traditionnel, la Vila Olímpica est l'un des secteurs les plus modernes de la cité. Construite sur la zone côtière du quartier industriel de Poblenou pour loger les 15 000 sportifs qui participaient aux J.O. de 1992, elle a converti Barcelone en station balnéaire...
Le projet d'aménagement est l'œuvre d'un cabinet barcelonais dirigé par **Josep Martorell**, **Oriol Bohigas**, **David MacKay** et **Albert Puigdomènech**, et les différents immeubles ont été confiés à des architectes locaux.
Ornée de beaux jardins et de larges avenues, la Ville olympique attire aux beaux jours la foule venue profiter des plages réhabilitées et des cafés.
Reconverti en port de plaisance, le **Port Olímpic★★**, conçu par l'ingénieur Joan-Ramón de Clascà, est devenu l'une des plus grandes zones de loisirs de la ville.
Parmi les édifices marquants de cette zone, vous ne pourrez pas manquer les deux tours de 153 m : la **Torre Mapfre**, dessinée par Íñigo Ortiz et Enrique de León, présente des façades en verre ; la seconde abrite l'**Hotel Arts Barcelona**, dont la structure de fer a été réalisée par **Bruce Graham** et Frank O. Gehry. Du haut de ces tours, la vue est un véritable émerveillement ; par beau temps, il est possible de voir se profiler à l'horizon l'île de Majorque. C'est ce même **Frank O. Gehry** qui a dessiné le gigantesque poisson d'or qui veille sur le port.

AUDITORI MUNICIPAL

(Auditorium municipal)
C/de Lepant, 150.
Il fait partie, avec le Théâtre national de Catalogne *(en face)*, d'un des ensembles culturels les plus importants de Barcelone.
Création de l'architecte navarrais **Rafael Moneo** (1999) l'Auditorium est un bâtiment aux lignes épurées. Ses trois salles, aux noms de musiciens catalans, ont fait de cet endroit un haut lieu de la programmation musicale de la ville.

TEATRE NACIONAL DE CATALUNYA

Pl. de les Arts, 1 (au sud de la plaça de les Glòries Catalanes).
Ce théâtre a été construit par **Ricardo Bofill** (1996) dont on reconnaît le style, synthèse de modernité et de classicisme. On y accède par un vestibule en verre conçu comme une serre. La grande salle adopte la forme des théâtres classiques. La petite salle, également remarquable, accueille des spectacles plus confidentiels (danse, musique, etc.).

MERCAT DELS ENCANTS

Av. Meridiana, 69 - www.encantsbcn.com - lun., merc., vend., sam. 9h-20h.

Dessinée par l'architecte Fermín Vázquez (2013), l'étonnante toiture composée de formes triangulaires, survole et protège les quelque 500 étals de ce marché aux puces très fréquenté, dont l'origine pourrait dater du 14e s.

MUSEU DEL DISSENY★

Pl. de les Glòries Catalanes, 37-38 - ✆ 932 566 800 - www.museudeldisseny.cat - ♿ - mar.-dim. 10h-20h - fermé lun. (sf j. fériés), 1er janv., 1er Mai, 24 juin, 25 déc. - 6 € (16-25 ans 4 €, -16 ans, 1er dim. du mois et dim. à partir de 15h gratuit).
Installé dans le **Disseny Hub Barcelona**, réalisé par l'équipe de MBM Arquitectes et inauguré en 2014, ce musée rassemble de riches collections d'Arts décoratifs, de céramiques, de mode et textiles, et d'arts graphiques. Il décline l'histoire et l'évolution des artisanats et des techniques. Il organise en outre des expositions temporaires.

TORRE AGBAR

Av. Diagonal (à l'est de la plaça de las Glòries Catalanes).
Cette tour en forme de concombre est inspirée, selon les dires de son architecte **Jean Nouvel** (2005), par les pains de sucre de la montagne de Montserrat et par certains projets de Gaudí, voire par un geyser, en hommage à son commanditaire, la compagnie des eaux de la ville. Plus prosaïquement, les Barcelonais la surnomment « le suppositoire »... Culminant à 142 m de hauteur (un peu moins que les tours jumelles du Port Olímpic, *p. 71*), elle est dotée d'un système high-tech qui lui permet d'illuminer sa façade de couleurs vives, à dominantes rouges et bleues, sans cesse changeantes, particulièrement fascinantes de nuit.

FUNDACIÓ VILA CASAS - CAN FRAMIS★

C/Roc Boronat, 116 - ✆ 933 208 736 - www.fundaciovilacasas.com - ♿ - mar.-sam. 11h-18h, dim. 11h-14h - fermé lun. et j. fériés - 5 € (-25 ans 2 €).
Vous repérerez ce musée à sa haute cheminée en brique, vestige de l'ancienne usine Can Framis où il s'est installé. Spectaculaire et dépouillé, le nouvel édifice en béton brut, conçu par **Jordi Badia** (2009) dans l'esprit de 22@ et de la réhabilitation du Poblenou, est dévolu à une collection de peinture catalane contemporaine.

22@ Barcelona

La silhouette caractéristique de la Torre Agbar est le signal visuel de l'ambitieux programme de rénovation urbaine du quartier industriel et ouvrier du Poblenou. Sous le nom de 22@, le projet propose un nouveau modèle de ville, mêlant de vastes espaces verts, des réhabilitations de friches industrielles et des édifices entièrement nouveaux, voués au logement, à la culture ou à l'éducation. Ce qui ne manque pas de chagriner les défenseurs du Poblenou historique, celui des ouvriers et des libertaires de tout poil...

El Poble Sec et Montjuïc★

Surplombant le port et le quartier du Poble Sec, la colline de Montjuïc et ses jardins luxuriants, aménagés à partir de 1915 par le Français Jean-Claude-Nicolas Forestier (1861-1930), sont un véritable poumon pour Barcelone et offrent de superbes vues sur la ville. Longtemps utilisée à des fins militaires, la « Montagne des Juifs » a surtout été métamorphosée par l'Exposition universelle de 1929, avec la construction d'importants édifices, dont certains ont été réhabilités pour les Jeux olympiques de 1992. Elle est désormais vouée à l'art, à la balade et au sport.

▶**Accès :** Espanya (L1 et L3) si vous privilégiez le musée national d'Art catalan ; funicular (à partir du Paral.lel, L2 et L3) si vous souhaitez arriver directement devant la Fundació Miró ; transbordador aeri (depuis la torre de Sant Sebastiá à la Barceloneta) pour une balade vers le château et les jardins.

Plan de quartier p. 75. Plan détachable A7-8, B7-8, C7-8, D7-8.

▶**Conseil :** Consacrez une demi-journée au MNAC, 2h à la Fundació Miró et choisissez un jour de beau temps pour découvrir les jardins.

EL POBLE SEC ET L'AVINGUDA DEL PARAL.LEL

Au pied de la colline, entre la plaça d'Espanya et la mer, s'étend l'ancien quartier ouvrier du Poble Sec, une zone résidentielle bordée par la grande **avinguda del Paral.lel**, ainsi appelée car elle emprunte le tracé du parallèle 41° 44' de latitude nord. Au début du 20e s., l'avenue était réputée pour ses théâtres et ses cabarets (comme le fameux Molino), célèbres pour leurs revues grivoises, au point que l'on surnommait l'endroit le « Montmartre de Barcelone ».

PLAÇA D'ESPANYA

Au pied de la colline de Montjuïc, à l'intersection de l'avinguda del Paral.lel et de la Gran Vía de les Corts Catalanes, cette place animée est la deuxième plus grande d'Espagne. Elle est dominée par une fontaine monumentale conçue par l'architecte **Josep Maria Jujol** et ornée de sculptures de **Miquel Blay** (1866-1936).

Au nord s'élèvent les **arenas de Barcelona** *(www.arenasdebarcelona.com)*, de style néomauresque mais remarquablement transformées par un cabinet d'architectes dirigé par Richard Rogers. Conservant sa structure extérieure d'origine, l'édifice a été coiffé d'un immense dôme de métal et de verre. L'intérieur a été reconverti en centre commercial. Belles vues depuis l'étage du dôme.

FIRA BARCELONA

(Parc des expositions)

Au sud de la plaça d'Espanya, deux **tours** inspirées du campanile de Venise marquent l'entrée de l'enceinte de la Fira Barcelona. Ici s'ouvre une belle **perspective**★ sur l'avinguda de la Reina Maria Cristina, bordée par les pavillons du parc des expositions, et que dominent les escaliers (certains mécaniques) conduisant au musée national d'Art catalan.

FONT MÀGICA★

Les jets d'eau lumineux s'animent en juin-août : jeu.-dim. à 21h30, 22h et 22h30 ; avr.-mai et sept.-oct. : vend.-sam. à 21h, 21h30 et 22h ; nov.-mars : vend.-sam. à 19h, 19h30 et 20h.

Cette grande fontaine lumineuse a été conçue par l'architecte et pyrotechnicien **Carles Buïgas** pour l'Exposition Internationale de 1929. Ne manquez pas ses superbes spectacles son et lumière.

PAVELLÓ MIES VAN DER ROHE★★

Av. Francesc Ferrer i Guàrdia, 7 - ✆ 932 151 011 - www.miesbcn.com - ♿ - mars-oct. : tlj 10h-20h ; nov.-fév. : tlj 10h-18h - 5 € (-16 ans gratuit).

Parmi les bâtiments réalisés pour l'Exposition universelle de 1929, le pavillon dessiné par Ludwig Mies van der Rohe (1886-1969) pour l'Allemagne fut considéré comme l'un des modèles de l'architecture rationaliste.Démonté après l'exposition, il a été reconstruit à l'identique en 1986 et abrite des expositions temporaires.

CAIXAFORUM

Av. Francesc Ferrer i Guàrdia, 6-8 - ✆ 934 768 600 - tlj 10h-20h (23h le merc. en juil.-août) - exposition 4 € (-16 ans gratuit).

Le centre culturel de la fondation « La Caixa » est installé dans l'ancienne usine de textile Casimir Casaramona, bel édifice moderniste de brique (1912) dessiné par **Josep Puig i Cadafalch**. Son entrée a été revue par l'architecte japonais **Arata Isozaki**. Le centre abrite des expositions temporaires de qualité et une installation permanente de Joseph Beuys, *Espacio de Dolor* (1983). N'hésitez pas à vous promener à l'intérieur de l'enceinte *(accès gratuit)* afin d'admirer de près l'architecture de l'édifice, et montez sur le toit-terrasse, d'où l'on perçoit mieux l'organisation des différents pavillons, reliés par d'étroites ruelles.

POBLE ESPANYOL

(Village espagnol)

Av. Francesc Ferrer i Guàrdia, 13 - ✆ 935 086 335 - www.poble-espanyol.com - lun. 9h-20h, mar.-jeu. et dim. 9h-0h, vend. 9h-3h, sam. 9h-4h - 12 € (4-12 ans 7 €). Attention, boutiques et ateliers sont ouverts de 10h à 18h/20h selon la saison.

Cette reproduction de bâtiments caractéristiques des différentes régions d'Espagne fut construite par Miquel Utrillo et Xavier Noguès pour l'Exposition de 1929. Autour de la Plaza Mayor, aux larges arcades, où se déroulent kermesses, fêtes folkloriques et concerts, se côtoient marchés majorquins, façades baroques de Valence, maisons galiciennes, places castillanes ou quartier andalou. Le village renferme une trentaine de boutiques et ateliers d'artisans, des bars, des restaurants, un « tablao » flamenco, des activités dédiées aux enfants et des discothèques. L'art y trouve aussi sa place grâce à deux fondations :

Fundació Fran Daurel★ – *✆ 934 234 172 - www.fundaciofrandaurel.com - tlj 10h-19h - fermé 1er janv., 15, 25-26 déc. - gratuit.* Elle abrite une collection d'**art contemporain** où sont représentés de grands artistes espagnols des années 1950 à nos jours (Tàpies, Saura, Equipo Crónica, Chillida, Picasso, Miró, Dalí, Mompó, Barceló, etc.), soit quelque 300 tableaux que complète un jardin des sculptures.

Espai Guinovart – Cet espace abrite une sculpture pleine de gaieté de **Josep Guinovart** (1927-2007), *Contorn-Entorn*.

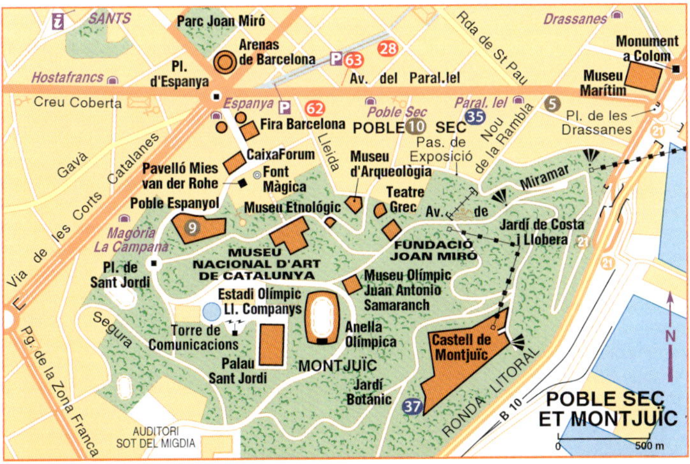

SE RESTAURER
Casa de Tapas Cañota..... 62
Casa Lucio..................... 28
Tickets........................... 63

PRENDRE UN VERRE
Quimet i Quimet............... 35
La Caseta del Migdia......... 37

SORTIR
La Terrazza...................... 9
Sala Apolo........................ 5
Tinta Roja........................ 10

PLAÇA DE SANT JORDI

Ce magnifique mirador surplombe l'embouchure du Llobregat et la mer. Au centre de la place se dresse la **statue équestre de Saint-Georges★** (Sant Jordi), imposante sculpture de bronze due à **Josep Llimona**.

MUSEU NACIONAL D'ART DE CATALUNYA (MNAC)★★★

Parc de Montjuïc - ✆ 936 220 360 - www.mnac.cat - ♿ - mai-sept. : mar.-sam. 10h-20h, dim. et j. fériés 10h-15h ; oct.-avr. : mar.-sam. 10h-18h, dim. et j. fériés 10h-15h - fermé lun., 1er janv., 1er Mai et 25 déc. - 12 €, valable pour 2 j. (-16 ans, sam. à partir de 15h et 1er dim. du mois gratuit) - audioguide (en français) 4€.

Le musée national d'Art catalan est installé dans le pompeux palais national de Montjuïc, construit pour l'Exposition universelle de 1929. Précédé d'une esplanade, il domine la plaça d'Espanya et une partie de la ville. La visite s'organise autour de cinq sections distinctes. À voir également, son manège, le fameux **Salon ovale**.

Art roman★★★ – *Salles 1 à 15 (rdc).* Indispensable ! La collection est extraordinaire, surtout en ce qui concerne la peinture murale, magnifiquement mise en valeur. Les fresques, transférées ici depuis leurs églises d'origine, entre 1919 et 1923, afin d'éviter leur exportation « sauvage », sont en effet présentées dans des « chapelles » et de grandes salles reconstituant le cadre des églises de l'époque. On y remarque l'influence des mosaïques byzantines : le dessin surligné de noir, la composition en frises superposées, l'absence de perspective et les attitudes rigides. Néanmoins, les détails réalistes et expressifs font de cet art solennel une création réellement autochtone. Les œuvres les plus remarquables sont les peintures (12e s.) provenant de l'église Sant Joan de Boí et représentant la lapidation de saint Étienne *(s. 2)*, les absides latérales de l'église Sant Quirce de Pedret *(s. 4)*, réalisées entre 1090 et 1120, l'ensemble de Santa Maria de Taüll (12e s.) *(s. 11)*, qui présente une profusion d'images présidée par une belle Épiphanie, sans oublier Sant Climent de Taüll *(s. 7)*, dont l'abside, ornée d'un extraordinaire **Pantocrátor** (vers 1123), constitue l'un des chefs-d'œuvre de la peinture romane. Remarquez la volonté antinaturaliste et la subtile géométrisation des formes que l'on retrouve dans certaines des peintures de l'église de Sann Pedro de Arlanza (1210), près de Burgos.

Les **parements** sont divisés en deux catégories : ceux qui sont simplement formés d'une plaque peinte, tels ceux de Sant Martí d'Ix et de la Seu d'Urgell *(s. 6)* ou celui des Apôtres, et ceux en relief, comme celui de l'église Santa Maria de Taüll *(s. 10)*. Dans les salles consacrées à la sculpture, également magnifiques, on s'attardera sur la **Majesté de Batlló** *(s. 10)*, un Christ en croix polychrome du milieu du 12e s.

Le musée possède également une magnifique **collection★** de chapiteaux, d'orfèvrerie et d'émaux.

La section se termine par les peintures de la salle capitulaire de **Sigena** (1200) *(s. 16)*, qui développent un programme iconographique complet et témoignent d'un changement de style avec des figures plus réalistes et beaucoup plus en mouvement.

Art gothique★★ – *Salles 17 à 31 (rdc).* L'itinéraire à travers le monde gothique catalan (au sens large puisque l'ensemble du royaume d'Aragon est représenté) du 13e au 15e s. prouve l'importance de la peinture sur panneau. Notez les sculptures en albatre attribuées à **Jaume Cascalls** *(s. 21)*, l'un des sculpteurs catalans les plus importants du 14e s., et une importante collection gothique internationale regroupant les peintres majeurs de Barcelone *(s. 24)* : **Guerau Gener**, **Joan Mates**, **Ramón de Mur** et **Bernardo Despuig**. La salle consacrée à **Bernat Martorell** *(s. 25)* met en évidence les particularités et le style de l'artiste, avec la grande importance du détail et les nuances picturales. La salle suivante *(s. 26)* est quant à elle consacrée au grand **Jaume Huguet** (*Consécration de saint Augustin*, vers 1466-75) et accueille la fameuse *Vierge des « Consellers »* de **Lluís Dalmau** (1443-1445). Ne manquez pas non plus les œuvres du **maître de La Seu d'Urgell** *(s. 28)*, ni l'espace consacré à la sculpture funéraire des 14e et 15e s. *(s. 30)*.

Renaissance et baroque – *Salles 32 à 38 (rdc)*. Cette section a été constituée à partir de legs de collectionneurs privés tels que Francesc Cambó, auxquels a été jointe une partie de la collection Thyssen-Bornemisza. Elle comprend une centaine de peintures espagnoles et européennes du 16e au 18e s. Parmi les maîtres exposés figurent Ayne Bru, Pere Nunyes et Pedro Berruguete, encore influencés par le style gothique, Francisco de Zurbarán *(Immaculée Conception*, 1632), José de Ribera, dit le « Spagnoletto », *(Le Martyre de saint Bartolomé)*, Diego Velázquez *(Saint Paul, 1619)* et le Greco; la peinture italienne est représentée entre autres par Fra Angelico avec son chef-d'œuvre **La Vierge d'Humilité★** *(s. 38.1)*, aux douces tonalités mises en valeur par une extraordinaire ornementation dorée, ainsi que par les peintres Le Tintoret et Annibale Carracci. Notez une série de portraits de Quentin de la Tour et des œuvres de Rubens (*La Vierge et l'enfant avec sainte Élisabeth et saint Jean)*, Cranach le Vieux ou Fragonard.

Art moderne★★ – *Salles 39 à 81 (à l'étage)*. Parmi ces 1300 œuvres et 260 artistes représentés, vous apprécierez ceux associés à l'extraordinaire foisonnement de création artistique qui s'empara de Barcelone entre le 19e s. et les années 1950 (académisme, noucentisme, impressionnisme, surréalisme, etc.), ainsi que l'art durant la guerre et le renouveau artistique d'après-guerre, à la fin des années 1940. Tous les grands noms de la peinture sont là, de l'orientaliste Marià (Mariano) Fortuny à Pablo Picasso (*Femme au chapeau*, 1937) en passant par Ramon Casas et sa fameuse gouache (*Casas et Pere Romeu sur un tandem,*

1897), Santiago Rusinyol, Isidre Nonell (*La Paloma*, 1904), Joaquim Mir et Joaquim Sunyer, sans oublier un Salvador Dalí insolite (*Portrait du père de l'artiste*, 1925). La sculpture n'est pas oubliée avec Josep Llimona, Pablo Gargallo et Julio González. Enfin, vous vous attarderez dans les salles consacrées au modernisme, richement représenté, notamment par du mobilier dessiné par Gaudí.
Numismatique – *Salle 83, dominant le salon ovale*. Les passionnés ne manqueront pas cette riche collection de monnaies ayant eu cours en Catalogne, des pièces des colonies grecques d'Empúries et de Roses jusqu'aux cartes de crédit contemporaines...

MUSEU ETNOLÒGIC

Pg de Santa Madrona 16-22 - ☏ 932 563 484 - www.museuetnologic.bcn.cat - mar.-sam. 10h-19h, dim. et j. fériés 10h-20h - fermé 1er janv., 1er Mai, 24 juin et 25 déc. - 5 € (16-29 ans 3,50 €, -16 ans, dim. 16h-20h et 1er dim. du mois gratuit).
L'essentiel du fonds provient de peuples d'Afrique (Maroc en particulier) et d'Amérique centrale, et la plupart des pièces sont contemporaines, hormis celles représentant les civilisations précolombiennes. Une partie des collections concerne la culture catalane et ses particularités, tant sur le plan festif et religieux qu'artisanal ou social. Un éclairage privilégié est porté sur la culture traditionnelle des Pyrénées catalanes, incluant l'Andorre et le versant français. Rouvert fin 2015 après quatre ans de travaux, le musée propose une réflexion globale sur les correspondances entre les différentes cultures du monde.

TEATRE GREC★

Pg de Santa Madrona, 36 - ☏ 933 161 000 - www.bcn.cat/grec.
Ce théâtre en plein air, entouré de beaux jardins, fut construit en 1929 par les architectes Ramon Reventós et Nicolau Maria Rubió i Tudurí, sur le modèle de celui d'Épidaure. Avec son spectaculaire mur de scène sculpté dans la roche d'une carrière abandonnée, il constitue en été un cadre exceptionnel pour les manifestations du **Grec Festival**.

MUSEU D'ARQUEOLÒGIA DE CATALUNYA★

Pg de Santa Madrona, 39-41 - ☏ 934 232 149 - www.mac.cat/Seus/Barcelona - mar.-sam. 9h30-19h, dim. et j. fériés 10h-14h30 - fermé lun., 1er janv., 25-26 déc. - 5,50 € (- 25 ans 4,50 €, -8 ans gratuit).
Créé en 1935, à l'initiative de l'illustre archéologue **Pere Bosch Gimpera** (1891-1974), il permet de suivre les différentes étapes de l'histoire du territoire catalan à travers les pièces exposées : paléolithique, néolithique, âges du bronze et du fer, monde ibérique, colonisations grecque et phénicienne, culture romaine et époque wisigothique et, enfin, le Moyen Âge. Les objets présentés (outils, amphores, mosaïques ou sculptures votives) sont caractéristiques de chacune de ces périodes.

ANELLA OLÍMPICA★

(Anneau olympique)

Pg Olímpic s/n - ✆ 934 262 089 - mai-sept : tlj 8h-20h ; oct.-avr. : tlj 10h-18h - fermé j. de match ou concert - gratuit.

Aménagé pour les Jeux olympiques de 1992, l'anneau olympique occupe une immense esplanade sur la partie haute de la colline. Le stade et le Palau Sant Jordi forment le cœur de cette zone vouée au sport.

Estadi Olímpic Lluís Companys★ – *www.estadiolimpic.cat - Open Camp : ✆ 902 07 07 53 - www.opencamp.com - horaires : consulter le site Internet - 20 € (5-11 ans 15 €), billet famille (2 adultes + 2 enf.) 60€.*

Le stade olympique conserve sa façade de 1929, mais fut totalement remanié à l'intérieur pour les Jeux olympiques de 1992. Si vous vous rêvez en athlète vous serez comblé : le stade accueille désormais un parc de loisirs dédié aux sports, **Open Camp**, offrant la possibilité à tous de vivre des expériences uniques dans une vingtaine de disciplines. Descendre sur la pelouse et marquer un but sous les applaudissements du stade, fouler la piste pour courir un 100 m, sauter, dribbler, boxer, etc.

Palau Sant Jordi★★ – *www.palausantjordi.cat*. C'est un singulier palais des sports couvert par une immense structure métallique, œuvre du grand architecte japonais **Arata Isozaki**.

Parmi les autres ouvrages intéressants, notez le Pavillon de l'université du Sport (INEFC), réalisé par l'agence de Ricardo Bofill, et la grande **tour de télécommunications**, œuvre de Santiago Calatrava qui conjugue beauté et modernité. Quant à la **piscine Bernat Picornell**, elle attire les amateurs de natation.

> **Un coup de chaud ?**
> *Piquer une tête à la piscine à deux pas de la Fundació Joan Miró, tout en profitant d'une vue imprenable sur la ville, c'est possible à la Piscina Municipal de Montjuïc (av. de Miramar, 31 - ✆ 934 234 041 - juil.-août 11h-18h30 - 6,50 €, 6-14 ans 4,50 €).*

MUSEU OLÍMPIC I DE L'ESPORT JUAN ANTONIO SAMARANCH

(Musée de l'olympisme et du sport)

Av. de l'Estadi, 60 - ✆ 932 925 379 - www.museuolimpicbcn.cat - mar.-sam. 10h-18h (20h avr.-sept.), dim. et j. fériés 10h-14h30 - fermé lun., 1er janv., 1er Mai - 5,80 € (8-18 ans 3,60€, -7 ans gratuit).

Les mordus de sport visiteront ce musée assez complet consacré aux différentes disciplines sportives et aux Jeux olympiques, à commencer bien sûr par ceux de Barcelone (1992). Installations multimédias et simulateurs agrémentent la visite.

FUNDACIÓ JOAN MIRÓ★★★

Parc de Montjuïc - ✆ 934 439 470 - www.fundaciomiro-bcn.org - ♿ - mar., merc., vend. 10h-20h (18h en nov.-mars), jeu. 10h-21h, sam. 10h-20h, dim. et j. fériés 10h-15h - fermé lun. (sf j fériés), 1er janv. et 25-26 déc. - 12 € (15-30 ans 7€, -15 ans gratuit), audioguide 5 €.

Pour compléter la visite...
*Derrière les arènes de Barcelone, le **parc Joan Miró**, connu sous le nom de « L'Escorxador » (l'abattoir), vaut un coup d'œil pour l'énorme sculpture phallique de Joan Miró intitulée Dona i ocell (Femme et oiseau), haute de 22 m.*

Le **bâtiment★★** qui abrite la fondation offerte par Joan Miró (1893-1983) à la ville a été construit en 1971 par **Josep Lluís Sert** (1902-1983), ami personnel du peintre. C'est l'une des plus belles œuvres du rationalisme méditerranéen, dont l'architecture se caractérise par l'ouverture de l'espace, à la recherche d'un équilibre entre édifice et paysage. Le traitement de la lumière, qui s'infiltre verticalement dans les salles est très significatif de cette démarche. En 1988, **Jaume Freixa** agrandit l'édifice en respectant la conception originale.
Le fonds constitué par Miró lui-même réunit plus de 10 000 œuvres, tant peintures, sculptures et dessins que collages et œuvres graphiques. Il permet d'apprécier l'évolution de l'artiste, d'abord réaliste puis influencé par le surréalisme. Après les terribles œuvres inspirées par la guerre civile et la Seconde Guerre mondiale qui suivit, vous découvrirez le Miró apaisé et lumineux de la dernière période. Le lieu est complété par une petite collection d'art contemporain représentant l'hommage à Miró d'artistes tels que Chillida, Saura, Duchamp, Max Ernst ou Rauschenberg.

Depuis 1990 est exposée à la Fondation la **Fuente de Mercurio★** d'**Alexandre Calder**, créée en 1937 pour le pavillon espagnol de l'Exposition universelle de Paris et évoquant Almadén, ville où l'on trouve les mines de mercure les plus importantes du monde et l'une des plus touchées par la guerre civile. Enfin, l'agréable **jardin des sculptures** présente des œuvres de jeunes artistes catalans. La Fondation organise en outre des expositions temporaires d'art contemporain.

AVINGUDA DE MIRAMAR

Cette esplanade située au nord de la colline offre – surtout la nuit – une belle **vue panoramique★** sur

La caresse de l'oiseau, fondation Joan Miró.

la ville et le port avec ses bateaux éclairés. Ses terrasses aérées permettent de profiter du paysage sans être incommodé par la chaleur. Le **transbordador aeri del Port** relie ce mirador à la torre (tour) de Sant Sebastià située sur le port, du côté de La Barceloneta (*p. 66*).

JARDINS DE MOSSÈN COSTA I LLOBERA

Ctra de Miramar, 1 - tlj 10h-coucher du soleil - gratuit.
Le jardin exotique le plus vaste de Barcelone (6 ha) possède toutes sortes de plantes des régions désertiques et subtropicales. Avec, notamment, 800 espèces de cactus, il offre une visite spectaculaire.

CASTELL DE MONTJUÏC

(Château de Montjuïc)
Ctra de Montjuïc, 66 - 933 564 440 - www.bcn.cat/castelldemontjuic - tlj 10h-18h (20h en avr.-oct.) - fermé 1er janv. et 25 déc. - 5 € (-16 ans, dim. à partir de 15h et 1er dim. du mois gratuit).
C'est en 1640 que fut bâti le premier château, au pied duquel les troupes catalanes gagnèrent la bataille du 26 janvier 1714 contre Felipe V. Détruit pendant la guerre de Succession, il fut reconstruit au 18e s. et prit l'allure d'une forteresse en étoile munie de larges remparts et de fortins.
Le château qui, comme la citadelle, était jusqu'au milieu du 19e s. l'un des points stratégiques du système défensif de Barcelone, pouvait aussi servir de base pour attaquer la ville, ce que fit le général Espartero qui, en 1842, pointa les canons vers Barcelone mutinée contre le pouvoir central. Il servit longtemps de prison militaire et c'est là qu'en 1909 on fusilla le pédagogue anarchiste **Francesc Ferrer**, puis en 1940 le président de la Generalitat, **Lluís Companys**... puis bien d'autres.
Ce symbole honni de la répression franquiste (il abritait un Musée militaire aujourd'hui fermé) est devenu un lieu de promenade aux vues exceptionnelles sur le port et la ville. Converti en centre international de la Paix, il accueille des expositions temporaires et un **centre d'interprétation** qui retrace l'histoire du site.

JARDÍ BOTÀNIC

C/Dr. Font i Quer, 2 - 932 564 160 - www.museuciencies.cat - avr.-sept. : 10h-19h ; oct.-mars : 10h-17h - fermé 1er janv., 1er Mai, 24 juin et 25 déc. - 3,50 € (16-29 ans 1,70 €, -16 ans, dim. à partir de 15h et 1er dim. du mois gratuit) ; billet combiné avec le Museu Blau 7 €.
Situé à côté du château de Montjuïc, ce jardin botanique possède une remarquable collection de plus de 2000 plantes méditerranéennes. Profitez également de votre visite sur la colline de Montjuïc pour vous promener dans les paisibles allées du **jardí botànic històric**, un petit îlot de fraîcheur situé derrière le MNAC *(av. dels Muntanyans - avr.-sept. : tlj 10h-19h ; oct.-mars : 10h-17h - fermé 1er janv., 1er Mai, 24 juin et 25 déc. - gratuit).*

Pedralbes

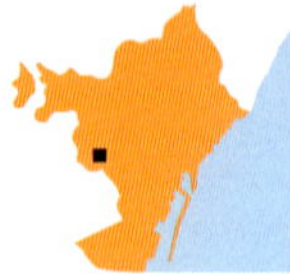

L'ancien village de Pedralbes – qui doit son nom à la profusion de pierres blanches (« pedres albes ») de la montagne – est aujourd'hui un prestigieux quartier résidentiel et universitaire de Barcelone. Avec ses nombreux parcs et jardins, Pedralbes est un but de promenade idéal pour rompre un temps avec l'agitation du centre-ville.

▶**Accès :** María Cristina ou Palau Reial (L3) ou à pied par Diagonal. Pour assister à un match du Barça, descendre à Les Corts (L3).
Plan de quartier p. 83. Plan d'agglomération p. 14 B2.
▶**Conseil :** Consacrez une matinée à la découverte de ce quartier.

MONESTIR SANTA MARIA DE PEDRALBES★★

(Monastère Ste-Marie de Pedralbes)
Baixada del Monestir, 9 - ✆ 932 563 434 - www.bcn.cat/monestirpedralbes/es - avr.-sept. mar.-vend. 10h-17h, sam. 10h-19h, dim. 10h-20h - oct.-mars : mar.-vend. 10h-14h, sam.-dim. 10h-17h - fermé lun., 1er janv., 1er Mai, 24 juin, 25 déc. - 5 € (16-30 ans 3,50 €, -16 ans, dim. après 15h et 1er dim. du mois gratuit).
Fondé en 1326 par la reine Elisenda de Montcada, quatrième et dernière épouse de Jaume II, il accueille depuis le 14e s. une communauté de clarisses. La plaça del Monestir donne accès à l'**église**★, spacieuse construction à nef unique et chapelles latérales, abritant le mausolée de la reine Elisenda. L'intérieur est divisé dans le sens de la longueur : une partie seulement se visite, l'autre étant réservée à la communauté religieuse.
Sur la façade latérale du monastère, on peut observer les contreforts de l'église et le **clocher** en forme de prisme qui a particulièrement impressionné Le Corbusier.
Claustre (Cloître)★ – Magnifique exemple du gothique catalan du 14e s., il comporte trois niveaux. Les deux du bas, aux arcs en lancettes reposant sur des colonnes cannelées, encadrent un merveilleux patio planté d'orangers et de palmiers. Dans la galerie, quelques cellules sont ouvertes aux visiteurs. À droite de l'entrée, la **capella Sant-Miquel** (chapelle St-Michel) conserve des **peintures murales**★★★ (1346) de **Ferrer Bassa**. Cet artiste formé à l'école italienne du Trecento réussit à allier la méticulosité de l'école de Sienne aux volumes des maîtres toscans. Le registre supérieur est consacré à la Passion du Christ, la partie inférieure, la plus belle, à de délicates peintures de la Vierge.

PAVELLONS GÜELL★

Av. de Pedralbes, 7 - ✆ 933 177 652 - www.rutadelmodernisme.com - ♿ - tlj 10h-16h - visites guidées : 10h15,

11h15 et 15h (anglais), 12h15 (catalan), 13h15 (espagnol) - fermé 1er et 6 janv., 25-26 déc. - 5 € (-18 ans 2,50 €, -6 ans gratuit).
Ces anciennes écuries furent réaménagées par Gaudí pour y installer la résidence d'été de son mécène Eusebi Güell. Admirez notamment la remarquable **grille** en fer forgé décorée d'un dragon.

PALAU REIAL

(Palais Royal)
Av. Diagonal, 686 - ✆ 935 566 033 - le palais ne se visite pas, seuls les jardins sont ouverts au public : 10h-19h - gratuit.
Le palais, inspiré des palais italiens de la Renaissance et ceint de beaux jardins, fut construit entre 1919 et 1929 pour servir de résidence au roi d'Espagne Alfonso XIII.
Jardins – Conçus par l'ingénieur Nicolau Rubió i Tudurí, les jardins de Pedralbes étalent une large variété de bougainvillées, de cyprès, de pins et de cèdres provenant de diverses latitudes.

CAMP NOU

Av. Arístides Maillol - ✆ 934 963 600 - www.fcbarcelona.cat - visite guidée : lun.-sam. de 9h30-10h à 18h30-19h30, dim. et j. fériés de 9h30-10h à 14h30 (variable selon les périodes et les matchs ; voir sur le site Internet) - fermé 1er et 6 janv., 25 déc. - 23 € (6-13 ans 18 €, -6 ans gratuit).

Le célébrissime stade du *Futbol Club* Barcelona, le fameux *Barça*, a entamé en 2016 une campagne de rénovation, sous la direction du cabinet japonais **Nikken Sekkei**, pour offrir en 2021 un nouveau Camp Nou, plus vaste et partiellement couvert. Le stade abrite le **musée FC Barcelona**, où les amateurs contempleront les trophées amassés par le *Barça* tout au long de son histoire, ainsi que de nombreuses photographies retraçant la rivalité séculaire avec le Real de Madrid. Il s'agit de l'un des musées les plus visités de Barcelone.

TORRES TRADE★

Gran Via de Carles III.
Cet ensemble de tours cylindriques à base ondulée, beau symbole de l'architecture barcelonaise, a été réalisé en 1968 par **Josep A. Coderch**.

PARC DE CERVANTES

Hors plan. *Av. Diagonal, 706 - Zona Universitaria.*
Au-delà de la zone universitaire, ce vaste parc (9 ha) en pente douce abrite une importante **roseraie** *(roserar)* couvrant près de la moitié de sa superficie. Pas moins de 220 variétés sont représentées, pour un total de 10 000 rosiers. Pour en profiter au mieux, visitez le parc entre avril et novembre. C'est alors un lieu idéal pour se promener ou pratiquer la course à pied.

M. Soler / age fotostock

Le monastère Santa Maria de Pedralbes.

Tibidabo

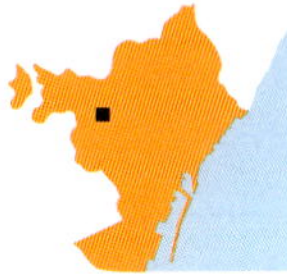

Juché dans la chaîne de Collserola, le Tibidabo surplombe Barcelone à 532 m d'altitude. La montagne est dominée par une tour de télécommunications, devenue un point de repère pour tous les Barcelonais. C'est un but de promenade dominicale apprécié des familles qui viennent profiter du parc d'attractions. Une promenade au Tibidabo vous permettra de découvrir de superbes panoramas sur la ville et la mer.

▶ **Accès :** par le Tibibus (dép. plaça de Catalunya) ou en train depuis le même endroit jusqu'à « Avinguda del Tibidabo », d'où le Tramvia Blau prend le relais jusqu'au funiculaire (de mi-juin à mi-sept.). En dehors de ces périodes, bus 19.
Plan de quartier p. 86. Plan d'agglomération p. 14 B1.
▶ **Conseil :** Comptez une demi-journée.

TEMPLE DEL SAGRAT COR

(Temple du Sacré-Cœur)
Pl. del Tibidabo - ✆ 934 175 686 - www.templotibidabo.es - juin-sept. : 11h-20h ; mars-mai et oct. : 11h-19h ; nov.-fév. : 11h-18h - crypte : 9h-20h15 - accès au temple gratuit ; ascenseur 2 €.
Construit autour d'un ermitage sur un projet d'Enric Sagnier, le temple hésite entre le néogothique et le modernisme. Achevé en 1909, il abrite des **fresques★** remarquables. Depuis l'ancien ermitage (1886), un ascenseur permet de gagner une plate-forme encadrée par les sculptures géantes des douze apôtres, et la gigantesque statue en bronze d'un Christ aux bras ouverts (1961).

PARC D'ATRACCIONS DU TIBIDABO

Pl. del Tibidabo, 3-4 - ✆ 932 117 942 - www.tibidabo.es - ♿ - juil.-août : merc.-dim. (tlj en août) de 12h à 21h-23h ; mars-juin et sept.-déc. : w.-end, j. fériés et vac. scol. de 11h ou 12h à 17h-22h - parc + Camí del Cel 28,50 € (-120 cm 10,30 €, -90 cm gratuit) ; Camí del Cel 12,70 €, (-120 cm 7,80 €, -90 cm gratuit).
Le doyen des parc d'attractions espagnols renferme le **Camí del Cel** (chemin du ciel), une promenade où se trouvent d'intéressantes attractions, parmi lesquelles un singulier **musée des Automates**. Du parc, on bénéficie d'une **vue panoramique★★** extraordinaire sur la ville, la mer et les environs.

TORRE DE COLLSEROLA

✆ 932 117 942 - www.torredecollserola.com - jours et heures d'ouverture variables (voir sur le site internet) : généralement w.-end 12h-13h45, 15h30-17h45 ; déb. juil.-mi sept. : merc.-dim. 12h-13h45, 15h30- 19h45 - 5,60 € (4-14 ans

3,30 €) ; billet combiné avec le Camí del Cel 16 €.
En contrebas du temple du Sacré-Cœur, cette tour de télécommunications fut achevée en 1992 par **Norman Foster**. Une plate-forme, aménagée à 115 m et accessible aux visiteurs, offre des **vues** panoramiques sur Barcelone et sa baie.

COSMOCAIXA - MUSEU DE LA CIÈNCIA

C/Isaac Newton, 26 (au pied du Tibidabo) - Av. del Tibidabo (L7) - 932 126 050 - www.cosmocaixa.com - - mar.-dim. 10h-20h - fermé lun. (sf j. fériés), 1er et 6 janv., 25 déc. - 4 € (-16 ans gratuit).
Idéal à visiter avec les plus jeunes, ce musée moderne conjugue l'intérêt scientifique et les loisirs. Vous y découvrirez, entre autres, un pendule de Foucault, une forêt inondée, un mur géologique... et différents ateliers où vous pourrez réaliser des expériences aussi étonnantes que ludiques.

TORRE BELLESGUARD

C/Bellesguard, 16-20 - Av. del Tibidabo (L7) - 932 504 093 - www.bellesguardgaudi.com - mar.-dim. 10h-15h - visite guidée (1h) : w.-end à 11h (anglais), 12h et 13h15 (espagnol et catalan) - fermé lun., 1er et 6 janv., 25-26 déc. - visite libre (avec audioguide) 9 € (8-17 ans 7,20 €, -8 ans gratuit) ; visite guidée 16 € (8-17 ans 12,80 €, -8 ans gratuit).

La visite nécessite d'emprunter des escaliers.
Construite entre 1900 et 1909 sur les vestiges de la résidence royale de Martin 1er (déb. 15e s.), dernier roi de la Maison de Barcelone, cette œuvre d'Antoni Gaudí est encore méconnue. Influencé par l'histoire de cette ancienne propriété, il crée un cadre lui faisant écho ; un savant mélange d'art gothique et de modernisme. Pour partager ces richesses, la famille Guilera, propriétaire depuis 70 ans, l'ouvre à la visite en septembre 2013. Ne manquez pas une promenade dans les superbes jardins.

PARC FORESTAL DE COLLSEROLA

Ctra de Vallvidrera à Sant Cugat (accès en funiculaire, station Peu del Funicular).
Ce vaste espace (8 000 ha) sur les hauteurs de la ville est idéal pour se mettre au vert ou se balader à vélo.

LABERINT D'HORTA

Hors plan. *Pg Castanyers, 1 (quartier d'Horta-Guinardó) - Mundet (L3) - http://lameva.barcelona.cat - avr.-oct. : 10h-20h ; nov.-mars : 10h-19h - 2,23 € (-14 ans 1,42 €, -5 ans, merc., dim. et 24 sept. gratuit).*
Situé au pied du Collserola, cette ancienne propriété du 18e s. abrite une belle maison bâtie pour le marquis d'Alfarrás dans un style éclectique. Son parc, orné de sculptures de personnages mythologiques, de niches et d'éléments d'origine arabe, présente un bucolique labyrinthe taillé dans des cyprès.

J. Puig / age fotostock

Temple du Sacré-Cœur.

COL.LEGI DE LES TERESIANES

Hors plan. *C/Ganduxer, 85-105 - La Bonanova (L6 et S5 FGC) - 932 123 354 - sam. 11h-13h.*
Gaudí a repris en 1888 le chantier de cet établissement d'enseignement (toujours en activité), fondé par des religieuses de l'ordre de Sainte-Thérèse de l'Enfant Jésus. Il se présente comme une forteresse de briques aux murs coiffés de créneaux. Malgré les limites d'un budget restreint et des matériaux dépouillés, l'architecte a laissé sa marque inimitable, notamment avec les deux couloirs couverts d'une spectaculaire voûte parabolique.

Aux alentours de Barcelone★★

Si les environs balnéaires de Barcelone sont attrayants, avec un train qui rend les plages facilement accessibles, l'intérieur des terres recèle quelques trésors méritant d'y consacrer un ou deux jours. Au programme : architecture religieuse, avec le monastère Sant Cugat del Vallès et le site impressionnant de Montserrat, la montagne sacrée des Catalans. Vous pourrez aussi compléter votre connaissance de l'œuvre de Gaudí en visitant l'église de la Colònia Güell, où l'architecte mit au point les innovations qui présidèrent par la suite à la construction de la Casa Batlló ou de la Sagrada Família.

▶**Accès :** Voir aux localités.
▶**Conseil :** Évitez Montserrat le week-end et les jours fériés et achetez votre billet à la gare pour payer moins cher. Comptez la journée pour la visite. Même chose pour Sitges : faites-en une journée à la mer !

COLÒNIA GÜELL★

À Santa Coloma de Cervelló, 23 km au sud-ouest de Barcelone. Quitter Sant Joan d'Espí par la C 245 en direction de Sant Boi. Sortir sur la BV 2002, puis suivre les indications. En train, FGC lignes S4, S8 et S33 depuis Plaça d'Espanya (arrêt Colònia Güell, 20mn).
Centro de atención de visitantes – *C/Claudi Güell, s/n - ✆ 936 305 807 - www.gaudicoloniaguell.org - lun.-vend. 10h-19h (17h de nov. à avr.), w.-end et j. fériés 10h-15h - visite guidée sam. à 12h (espagnol) et dim. à 12h (catalan) - 7 € (9 € avec audioguide en français) ; visite guidée 11,50 €.* Une exposition retrace les principales étapes de l'évolution de la cité.
La construction de la Colònia Güell, classée au Patrimoine mondial de l'Unesco en 2005, fut commencée à la fin du 19e s. sur la commune de Santa Coloma de Cervelló, à l'initiative d'**Eusebi Güell**. L'industriel projetait d'y installer une usine textile moderne et souhaitait créer une véritable cité ouvrière comprenant, outre l'usine et ses bureaux, des maisons, des commerces, des équipements culturels et une église. De nombreux architectes furent appelés à travailler sur le projet, en particulier **Antoni Gaudí** auquel fut confiée la construction de l'église.
Église – *Visite 10h-15h sf pdt les messes (dim. 11h-13h).* Les travaux commencent en 1908, selon un projet prévoyant deux nefs et une tour centrale de 40 m de haut. En 1914, alors que seule la nef inférieure est achevée, Eusebi Güell décide d'abandonner le projet. Gaudí aura néanmoins eu le temps de

J.-P. Azam / hemis.fr

Le monastère Santa Maria de Montserrat.

tester de nombreuses innovations architecturales, qu'il mettra à profit dans l'édification de la Sagrada Família. Notez la parfaite utilisation des formes et des matériaux qui caractérise l'architecte, avec les deux coquillages géants servant de bénitier et le toit de briques éclairé par les compositions florales polychromes des vitraux. Remarquez aussi le confessionnal aux formes ondulantes.

MONESTIR DE SANT CUGAT DEL VALLÈS★★

À 18 km au nord-ouest par la BP 1417. En train, FGC ligne S4, S2 depuis Catalunya (25mn env.). ✆ 936 759 951 - www.museu.santcugat.cat - ♿ - mar.-sam. 10h30-13h30, 17h-20h (16h-19h oct.-avr.), dim. et j. fériés 10h30-14h30 - fermé lun., 1er et 6 janv., 25-26 déc. - gratuit.

L'**ancienne abbaye bénédictine** se trouve au cœur de la petite ville à laquelle elle a donné son nom. Cet ancien camp romain devint célèbre parce que saint Cucufat (Cugat) et ses compagnons y subirent le martyre. Ils furent égorgés, victimes de la dernière persécution de Dioclétien. Sur la tombe du martyr, on construisit, entre le 12e et le 14e s., les bâtiments monastiques qui étaient fortifiés au départ. De l'ancienne enceinte abbatiale subsistent l'église (aujourd'hui église paroissiale),

le cloître et la salle capitulaire, transformée en chapelle (chapelle du Saint-Sacrement, ou del Santissím). L'ancien palais abbatial est un édifice gothique remanié au 18e s. qui fait office de rectorat.
Église★ – Édifié au 12e s., ce sanctuaire à trois vaisseaux et trois absides semi-circulaires est un magnifique exemple de transition entre le roman et le gothique. La partie la plus ancienne est la tour (11e s.), décorée de bandes lombardes. La tour-lanterne érigée à la croisée et la coupole octogonale qui la couvre témoignent d'une évolution du style d'origine. D'autres modifications furent réalisées, notamment l'adjonction de trois chapelles latérales. La façade, unie, couronnée de créneaux et consolidée de contreforts, fut achevée peu avant 1350. Une grande rosace ajourée contraste avec les archivoltes de la porte. On peut admirer, à l'intérieur, le beau **retable de Tous les Saints★**, du 14e s., où, sur un thème marial, l'auteur, Pere Serra, parvient à donner dynamisme et expressivité aux personnages.
Cloître★ – C'est l'un des plus grands cloîtres romans (12e-13e s.), avec ses 144 colonnes qui encerclent le jardin. Remarquez particulièrement les magnifiques **chapiteaux★** du maître Arnau Cadell, reliés deux à deux par un même abaque. Plusieurs styles ornementaux y sont développés : le corinthien (à feuilles d'acanthe et figures géométriques), le figuratif (oiseaux, sirènes et animaux fantastiques) ou le tableau historié (scènes bibliques et scènes de la vie quotidienne). Le plus intéressant est celui du pilier d'angle nord-est, où le sculpteur s'est représenté lui-même au travail et a gravé son nom.
Dans la seconde moitié du 16e s., on ajouta une galerie supérieure, avec de belles colonnes toscanes soutenant des arcs en plein cintre.

SERRA DE MONTSERRAT★★

À 52 km au nord-ouest de Barcelone. Quitter Barcelone par la C 31 en direction de Girona, prendre la sortie 209 et continuer sur la C 58 vers Manresa, puis la C 55. En train, emprunter le FGC ligne R5 au départ de la station Plaça d'Espanya, puis le téléphérique ou le funiculaire (Train+ Rack train 19,30 € AR). ✆ 938 777 701 - www.montserratvisita.com - ♿ - 7h30-20h - gratuit.
Le site, tout d'abord, est d'une beauté impressionnante, un massif montagneux aux roches ruiniformes en pain de sucre d'une belle teinte rosée. Des sentiers permettent de faire de superbes randonnées dans la montagne. Mais c'est surtout le plus important centre de culte marial de Catalogne qui attire les foules.
Monestir Santa Maria de Montserrat - Fondé au 11e s. en developpant l'un des ermitages de la montagne de Montserrat, l'ensemble, très remanié, mérite surtout la visite pour le site grandiose et pour la vénération que lui portent les Catalans. Sur le maître-autel de l'église, ne manquez pas **la Moreneta★★** (fin 12e s.), statue miraculeuse de la Vierge noire découverte dans une grotte par des bergers, patronne de la Catalogne et symbole du catalanisme.

Miranda de Sant Jeroni - *1h30 de marche par une piste forestière.* Si la marche ne vous effraie pas, vous serez récompensé par le panorama qui se dévoile sur les Pyrénées et la côte catalane, depuis le point culminant du massif (1236 m).

GARRAF

À 32 km au sud-ouest de Barcelone par la route côtière C 31 ou l'autoroute vers le sud (sortie 42). En train, emprunter le Renfe Rodalies (train de banlieue) ligne R2 (30mn) au départ de la station Barcelona Sants ou Passeig de Gràcia (ttes les 30mn aux heures de pointe).

Cette modeste station balnéaire coincée au creux des falaises dégage un charme désuet grâce aux cabanes de pêcheurs en bois peint en vert et blanc qui bordent la plage. La petite ville se partage avec Sitges le massif calcaire du Garraf, classé parc naturel. Un sentier côtier (GR 92) permet de rejoindre Sitges en admirant la mer.

SITGES★★

À 45 km au sud-ouest de Barcelone par la route côtière C 31 ou l'autoroute vers le sud (sortie 30). En train, emprunter le Renfe Rodalies ligne R2 (35mn) au départ de la station Barcelona Sants ou Passeig de Gràcia.

Cosmopolite, vibrante et animée, Sitges est très prisée par la communauté gay, mais sa plage est aussi recherchée par les familles qui apprécient sa pente douce et ses eaux peu profondes, particulièrement sûres pour les plus jeunes. Attention toutefois aux week-ends, quand la ville est vraiment bondée !

La vieille ville★★ - Massée sur le cap rocheux de La Punta, la vieille ville ne manque pas d'allure, avec son patchwork de maisons aux façades blanches, d'architecture moderniste et de patrimoine historique comme l'**església de Sant Bartomeu i Santa Tecla** *(visite guidée le 1er merc. du mois - ✆ 938 940 364).* Prenez le temps de flâner dans les étroites ruelles pavées. Vous comprendrez pourquoi tant d'artistes et d'écrivains sont tombés sous le charme de Sitges.

Passeig Marítim - En fin de journée, empruntez cette agréable promenade de 3 km, qui longe les deux plages de la ville, en passant devant les élégantes villas, les hôtels et les cafés. C'est là que vous profiterez le mieux de l'ambiance chaleureuse de la station.

Le train des plages

Si vous ne souhaitez pas vous encombrer d'une voiture et chercher une place de parking, le train est un bon moyen de découvrir la côte aux alentours de Barcelone. Deux lignes de trains de banlieue, les Renfe Rodalies, longent la mer au plus près et desservent les villes du littoral et leurs plages, souvent plus tranquilles et plus propres que celles de la capitale. La ligne R2 permet de rejoindre Castelldefels, Garraf et Sitges, la ligne R1 remonte vers le nord, en direction de Badalona, Montgat, Canet de Mar, Sant Pol de Mar, Callela.

Nos adresses

Vue depuis l'hôtel W Barcelona.
R. Campillo / age fotostock

Se restaurer

Bon à savoir – La plupart des restaurants, y compris gastronomiques, proposent le midi un bon menu complet à prix mini (entre 8 € et 16 € selon l'établissement).

Pour plus d'informations pratiques, voir p. 128. Pour la gastronomie catalane, voir p. 149. Voir également le chapitre « Prendre un verre » p. 101, pour une sélection de bars à tapas.

Repérez les adresses sur nos plans grâce aux pastilles numérotées (ex. 1). Les coordonnées en rouge (ex. C2) font référence au plan détachable (à l'intérieur de la couverture).

BARRI GÒTIC

Plans p. 22 et 24

Moins de 15 €

30 **La Cerería** – ***E5*** - *Baixada de Sant Miquel - Liceu - 933 018 510 - 13h-23h (dim. 18h) - fermé lun. - formule 12,50 € en sem.* Dans une ancienne fabrique de cierges, une cantine végétarienne pleine d'atmosphère, entre décor récup' inventif et atelier de lutherie sud-américaine. Plats copieux aux saveurs du monde, pour moins de 10 €.

35 **Bliss** – ***E5*** - *Pl. de Sant Just, 4 - Jaume I - 932 681 022 - lun.-vend. 9h-23h, w.-end. 10h-23h.* Sur une agréable petite place piétonne, ce café-salon de thé propose une restauration végétarienne simple et fraîche. Quiche-salade ou lasagnes-salade à moins de 10 €, menu complet midi et soir 15 €.

De 30 à 50 €

22 **El Pintor** – ***D5*** - *Sant Honorat, 7 - Jaume I - 933 014 065 - www.gruptravi.com - - 13h-16h, 19h30-23h30.* Cuisine variée aux saveurs catalanes, dans le cadre rustique d'un ancien atelier de peintre, avec poutres et murs de bois brut. Très agréable.

LA RIBERA - EL BORN

Plan p. 31

Moins de 15 €

52 **La Fábrica** – ***E4*** - *Pl. de la Llana, 15 - Jaume I - 931 240 410 - www.lafabrica-bcn.com - 11h-23h30 - formules à partir de 4,50 €.* Idéale pour grignoter sur le pouce, cette échoppe d'empanadas argentins sert de délicieux chaussons fourrés à la viande ou aux légumes.

43 **Bacoa Kiosko** – ***E5*** - *Marquès de l'Argentera, 1bis - Barceloneta - 933 107 313 - www.bacoaburger.com - 13h-1h.* Des viandes bios, des garnitures ultra-fraîches et très variées, des sauces fusion : le burger monte en grade ! On se régale à prix mini (moins de 10 € avec l'accompagnement).

53 **La Bàscula** – ***E4*** - *Flassaders, 30 - Jaume I - 933 199 866 - merc.-dim. 13h-23h - fermé lun.-mar.* Installé dans une ancienne fabrique de chocolat, ce restaurant bio et végétarien est géré en coopérative

et décoré de mobilier de récup'. La cuisine s'inspire des cultures du monde, catalane, orientale, asiatique. C'est bon et on aime l'atmosphère sereine du lieu.

De 15 à 30 €

23 **Santa Caterina Cuines** – *E4* - *Francesc Cambó, 16 - Urquinaona - 932 689 918 - www.grupotragaluz.com - dim.-jeu. 9h-23h, vend.-sam. 9h-23h30.* Une cuisine créative et goûteuse, élaborée avec les produits frais du marché attenant, un cadre chaleureux et une ambiance conviviale, avec un long comptoir face aux cuisines ouvertes et de grandes tables à partager... l'adresse est plébiscitée et souvent très fréquentée. Deux autres bonnes adresses dans le marché : **La Torna** et **L'Univers**.

41 **Cal Pep** – *E4* - *Pl. de les Olles, 8 - Barceloneta - 933 107 961 - www.calpep.com - 13h-15h45, 19h30-23h30 - fermé dim., j. fériés et lun. midi.* Pas de décor à proprement parler, mais un mariage réussi entre cuisine méditerranéenne et esprit tapas à base de produits du marché.

42 **Le Cucine Mandarosso** – *D4* - *Verdaguer i Callís, 4 - Urquinaona - 932 690 780 - www.lecucinemandarosso.com - mar.-dim. 13h30-16h (16h30 dim.) et 21h-0h - fermé lun. - formule déj. 12 € (mar.-sam).* Un style de vieille épicerie des années 1950, avec sa réserve de vins de pays et ses bocaux de bonbons. Dans l'assiette, une bonne cuisine italienne.

54 **Casa Delfín** – *E4* - *Pg del Born, 36 - Jaume I ou Barceloneta - 933 195 088 - www.tallerdetapas.com/esp/casa-delfin - lun.-vend. 8h-0h, w.-end. 9h-1h.* Choix difficile entre l'agréable terrasse, face au mercat del Born, et la salle à l'ancienne, avec ses boiseries, ses miroirs et son mur de bouteilles éclairées. Cuisine catalane fraîche, avec une mention pour les tapas ou le *suquet de pescado*, un ragoût de poisson traditionnel.

34 **El Nou Celler** – *E4* - *Princesa 16 - Jaume I - 933 104 773 - www.nouceller.com - lun.-vend. 8h-23h30, sam. 9h-23h30 - fermé dim. - formule déj. en sem. 12 €, sam. 18,50 €.* Bonne ambiance dans cette taverne au service ininterrompu. Cuisine traditionnelle catalane ; choisissez de préférence les plats du jour, copieux et succulents, ou la paëlla maison.

De 30 à 50 €

38 **Bar del Pla** – *E4* - *Montcada, 2 - Jaume I - 932 683 003 - www.bardelpla.cat - 12h-23h (0h vend.-sam.) - fermé dim.* La déclinaison imaginative des habituelles tapas et quelques plats comme à la maison attirent une clientèle locale.

36 **Senyor Parellada** – *E4* - *Argenteria, 37 - Jaume I - 933 105 094 - www.senyorparellada.com - 13h-16h, 20h-23h30 - fermé 25 déc.* Un établissement élégant proposant une bonne cuisine catalane : *esqueixada amb escalivada* (morue aux poivrons grillés), agneau au four à l'ail, paëllas...

LA RAMBLA - EL RAVAL

***Plan** p. 39*

De 15 à 30 €

25 **Taller de Tapas** – *D5* - *Pl. Sant Josep Oriol, 9 - Liceu -*

933 018 020 - www.tallerdetapas.com - lun.-jeu. 12h-0h, vend.-dim. 12h-1h. Les touristes sont souvent un peu effrayés par les bars à tapas où accéder au comptoir relève de l'exploit. D'où l'intérêt de la formule : assis dans la salle (ou en terrasse), vous choisirez vos tapas et votre boisson sur la carte et attendrez tranquillement que l'on vous apporte votre commande.

46 **En Ville** – ***D5*** - *Doctor Dou, 14 - Catalunya - 933 028 467 - www.envillebarcelona.es - lun.-sam. 13h-16h, 19h30-23h30, dim. 13h-16h - formule déj. en sem. 13,90 €, brunch w.-end 21 €.* Décor très réussi, entre mobilier baroque, miroirs piqués et verrières d'atelier, pour une table d'influence française et italienne. De nombreux plats garantis sans gluten.

45 **La Esquina** – ***D4*** - *Bergara, 2 - Catalunya - 937 687 242 - www.laesquinabarcelona.com - 9h-19h - formule déj. 16 € en sem., brunch le w.-end.* Un espace aéré et lumineux, dans un style atelier plein de charme. À toute heure, des recettes simples et fraîches, comme le bar à la purée de cèpes ou le canard aux lentilles.

47 **Teresa Carles** – ***D4*** - *Jovellanos, 2 - Catalunya - 933 171 829 - www.teresacarles.com - tlj 9h-1h.* Même les carnivores les plus convaincus deviendront végétariens, tant les plats sont délicieux et jolis à regarder ! Essayez le Red Devil Raviolo (raviolis bicolores), les burgers végétariens ou la tatin d'aubergines. Salades à composer, options végétalienne et sans gluten. Le cadre est élégant et intime...

21 **Els Quatre Gats** – ***D4*** - *Montsió, 3bis - Catalunya - 933 024 140 - www.4gats.com - 9h-1h - formule déj. 16 €.* Symbole de la Barcelone moderniste et bohème, ce café très touristique, aménagé dans la Casa Martí dessinée par Puig i Cadafalch, fut le rendez-vous des artistes comme Casas, Nonell ou Rusinyol ; Picasso y exposa pour la première fois. Décor inchangé depuis.

27 **Viana** – ***D5*** - *Vidre, 7 - Liceu - 934 638 295 - www.vianabcn.com - lun. et merc.-vend. 18h-0h, sam.-dim. 13h-15h, 18h-0h - fermé mar.* Ce petit restaurant est à juste titre plébiscité pour ses excellentes tapas, les recettes locales traditionnelles n'hésitant pas à emprunter des saveurs plus exotiques. Produits frais, ambiance décontractée, serveurs très sympathiques, laissez-vous tenter !

De 30 à 50 €

29 **Los Caracoles** – ***E5*** - *Escudellers, 14 - Liceu, Drassanes - 933 012 041 - www.loscaracoles.es - 13h15-0h.* Un restaurant emblématique de Barcelone, décoré d'azulejos, de tonneaux et de vieilles photos. Cuisine traditionnelle, identique à celle que l'on servait à son ouverture en 1835.

24 **Can Culleretes** – ***D5*** - *Quintana, 5 - Liceu - 933 173 022 - www.culleretes.com - 13h30-16h, 21h-23h - fermé dim. soir et lun.* Une cuisine raffinée traditionnelle et de très bonnes spécialités ibériques, dans le doyen des restaurants de la ville (1786). Le cadre est typique : murs décorés d'azulejos et jambons qui pendent au plafond.

44 **Dos Palillos** – **D5** - *Elisabets, 9 - Catalunya - 933 040 513 - www.dospalillos.com - mar.-merc. 19h30-23h30, jeu.-sam. 13h30-15h30 et 19h30-23h30 - fermé dim.-lun., 3 sem. en août, 24 déc.-9 janv.* Dans un cadre design chic et épuré, la cuisine, très raffinée, revisite avec talent les influences asiatiques.

EIXAMPLE

***Plan** p. 46-47*

De 15 à 30 €

31 **Tapa Tapa** – **C3** - *Pg de Gràcia, 44 - Passeig de Gràcia - 934 883 369 - www.tapataparestaurant.cat - lun.-vend. 7h45-1h (2h vend.), sam. 8h30-2h30, dim. 9h-1h.* Version « soft » du bar à tapas, avec un très vaste choix. Les plats sont de bonne qualité, le prix dépend de votre faim... et la terrasse est situé face à la Illa de la Discòrdia.

49 **Granja Petitbo** – **D2** - *Pg de Sant Joan, 82 - Tetuan ou Verdaguer - 932 656 503 - www.granjapetitbo.com - lun.-merc. 9h-23h, jeu.-vend. 9h-23h30, sam. 10h-23h30, dim. 10h-17h.* Fréquenté par une clientèle jeune et bobo, ce café à la déco récup' confortable propose une petite restauration de style fusion, avec de grosses salades, des omelettes ou des pâtes. Produits impeccables et ambiance décontractée.

20 **El Nacional** – **D3** - *Pg de Gràcia, 24bis - Passeig de Gràcia - 935 185 053 - www.elnacionalbcn.com - 12h-2h (3h jeu.-sam.).* Un ancien garage spectaculairement transformé en espace gastronomique qui rassemble quatre bars (à vins, à bières, à cocktails et à huîtres) ainsi qu'un restaurant où se distinguent quatre thèmes gustatifs différents : tapas, poissons, viandes et une restauration rapide, le tout, de qualité.

De 30 à 50 €

19 **Céleri**– **A3** - *Passatge de Marimon, 5 - Diagonal - 932 529 594 - www.tribuwoki.com - 13h30-16h, 20h30-23h30 - fermé dim. - formule déj. 25 €.* Un restaurant actuel installé au rez-de-chaussée du **Woki Organic Market** (idéal pour un déjeuner ou un dîner rapide à petits prix) : cuisine végétale, bio, écologique, dans l'esprit des nouveaux concepts de *raw food* qui visent une pureté optimale de chaque saveur. On suit en direct le travail en cuisine ! 1 étoile au Guide Michelin 2017.

33 **Taktika Berri** – **B4** - *València, 169 - Universitat - 934 534 759 - lun.-sam. 13h-16h, 20h30-23h - fermé sam. soir, dim. j. fériés et 3 sem. en août.* Une cuisine basque de qualité que l'on explore dans l'élégante salle où les maîtres des lieux soignent leur fidèle clientèle. Réservation impérative.

48 **Etapes** – **C4** - *Enric Granados, 10 - Universitat - 933 236 914 - www.etapes.cat - lun.-vend., 13h-15h30, 20h-23h, sam. 20h-23h - formule déj. 15,50 €, menu dégustation le soir 35 € - réserv. recommandée.* Un peu à l'écart des grands axes, ce petit restaurant élégant mérite le détour pour sa cuisine inventive et légère, à base de produits du terroir revisités dans un esprit fusion très réussi.

GRÀCIA

Plan **p. 57**

De 15 à 30 €

50 **La Pepita** – **C2** - *Còrsega, 343 - Diagonal - 932 384 893 - www.lapepitabcn.com - lun. 19h30-0h, mar.-sam. 13h-16h30 et 19h30-0h - bar non stop jusqu'à 1h30.* Un bar-restaurant chaleureux et convivial, entièrement décoré des graffitis des clients, et un plat emblématique, la *Pepita*, copieux sandwich chaud accommodé à toutes les modes du monde et garni avec beaucoup d'imagination.

51 **Kuai Momos** – **B1**- *Martínez de la Rosa, 71 - Fontana - 932 185 327 - www.momosbcn.com - lun.-merc. 20h-23h30, jeu.-sam. 20h-0h - fermé dim. - réserv. recommandée.* Ce petit restaurant est le fruit du coup de foudre d'un jeune chef catalan pour la cuisine asiatique, en particulier les momos, petits chaussons à la vapeur connus sous divers noms à travers l'Asie. Mais on peut aussi commander des curries, des recettes de poisson ou un *pad thai*. C'est léger, goûteux et dépaysant.

32 **L'Arrosseria Xàtiva** – **C1** - *Torrent d'en Vidalet, 26 - Passeig de Gràcia - 932 848 502 - www.grupxativa.com - 13h-16h, 19h30-0h (w-end. 13h-0h) - formule déj. 14,75 €.* Restaurant de spécialités valenciennes et catalanes. 30 variétés de riz : paëllas, riz noir, riz aux seiches, etc. Ces plats copieux sont excellents et présentés, selon la tradition, dans leur poêle.

PORT VELL - LA BARCELONETA

Plan **p. 63**

Moins de 15 €

56 **Makamaka** – **F6** - *Pg Joan de Borbó, 76 - Barceloneta - 932 213 520 - www.makamaka.es - 11h-1h30 (2h30 vend.-sam.).* Une sympathique terrasse à deux pas de la plage, des burgers à tomber, juteux et garnis avec beaucoup d'imagination, des salades complètes et de délicieux desserts.

De 15 à 30 €

26 **Segons Mercat** –**F5** - *Balboa, 16 - Barceloneta - 933 107 880 - www.segonsmercat.com - 8h-16h30, 20h-23h30 (sans interruption l'été).* Dans une petite rue à l'écart du tumulte, cet établissement décoré de photos anciennes est parfait pour déjeuner d'un bon plat du jour, entouré d'habitués. On peut aussi miser sur les excellentes tapas.

55 **La Mar Salada** –**F6** - *Pg Joan de Borbó, 58-59 - Barceloneta - 932 211 015 - www.lamarsalada.cat - lun.-vend. 13h-16h, 20h-23h, w.-end et j. fériés 13h-23h - fermé mar. - menu du jour 18 €.* Belle terrasse pour les beaux jours et table réputée pour la fraîcheur des fruits de mer. Moins touristique que ses voisins.

De 30 à 50 €

39 **Agut** – **E5** - *En Gignàs, 16 - Jaume I - 933 151 709 - www.restaurantagut.com - 13h30-16h, 20h-23h - fermé dim. soir et lun. - formule déj. 15 € (mar.-vend.).* Ce restaurant propose des spécialités catalanes dans une salle voûtée au charme délicieusement désuet.

40 Can Solé – ***F5*** *- Sant Carles, 4 - Barceloneta - 932 215 012 - www.restaurantcansole.com - 13h-16h, 20h-23h (20h30 vend.-sam.) - fermé dim. soir et lun.* Une excellente adresse, réputée pour ses fruits de mer. Joli cadre dans les tons de bleu, où l'on mange entouré des photos des personnalités qui ont fréquenté les lieux depuis 1903.

57 Can Majó – ***F6*** *- Almirall Aixada, 23 - Barceloneta - 932 215 455 - www.canmajo.es - 13h-16h et 20h-23h30 - fermé dim. soir et lun.* Idéalement située en retrait de la plage, une terrasse agréable où l'on vient surtout pour les fruits de mer et les poissons.

37 Marea Alta – ***D6*** *- Edificio Colón - Drassanes, 6-8 (24e étage) - Drassanes - 936 313 590 - www.restaurantemareaalta.com - mar.-merc. 12h-0h, jeu.-dim. 12h-2h - fermé lun.* Le panorama à 360° qu'offre ce restaurant installé au 24e étage de l'édificio Colón n'a pas d'égal en ville. Le cadre, comme la cuisine misent avant tout sur la simplicité et l'élégance. Dans l'assiette, les produits de la mer, de qualité, sont cuits au feu de bois ou fumés. Pensez à préciser la vue que vous préférez à la réservation.

EL POBLENOU

Plan p. 68-69

Moins de 15 €

61 Timesburg – ***G1*** *- Pujades, 168 - Llacuna - 933 285 188 - www.timesburg.com - 13h-16h30, 20h30-23h (20h-0h vend.-sam.).* Fréquenté par les bobos du quartier, ce resto de burgers mise sur la qualité de ses viandes et l'originalité des recettes. Déco de style industriel et terrasse.

De 15 à 30 €

59 Can Recasens – ***G1*** *- Rambla del Poblenou, 102 - Poblenou - 933 008 123 - www.canrecasens.com - épicerie : lun.-vend. 8h-14h, 17h-20h, sam. 8h-14h30 ; rest. : sam. 13h-16h, lun.-sam. dîner à 21h et 23h - menu découverte (à partir de 6 pers.) 23 €.* Depuis cinq générations, cette épicerie fine fignole son décor impressionnant et ses appétissantes charcuteries et fromages. Quelques tables à l'arrière, pour déguster le soir, à la lueur des bougies.

58 El 58 – ***G1*** *- Rambla del Poblenou, 58 - Poblenou - 936013903 - mar.-sam. 13h-23h,*

JackF/iStock

Terrasse de restaurant, plaça Reial.

dim. 13h-16h, fermé lun. - menu du jour à 13 €. Un esprit bistrot convivial, de petites salles, un patio mignon et un bon choix de tapas, le tout dans une ambiance très hispanique.

De 30 à 50 €

60 **Els Pescadors** – **H2** - *Pl. de Prim, 1 - Poblenou - 932 252 018 - www.elspescadors.com - 13h-16h, 20h-23h.* Dans un décor catalan typique du début du 20e s., ce restaurant réputé pour ses recettes de morue et ses plats de riz sert une excellente cuisine de la mer. La terrasse sur l'adorable plaça de Prim est un atout supplémentaire !

EL POBLE SEC - MONTJUÏC

Plan p. 75

De 15 à 30 €

28 **Casa Lucio** – **C6** - *Viladomat, 59 - Poble Sec - 934 244 401 - mar.-sam. 12h-15h, 20h-22h30 - fermé dim. soir et lun.* La patronne compose chaque jour une cuisine catalane savoureuse agrémentée de quelques fantaisies. Bar à tapas également.

62 **Casa de Tapas Cañota** – **B6** - *Lleida, 7 - Plaça Espanya - 933 259 171 - www.casadetapas.com - 13h-16h, 19h30-0h - fermé dim. soir et lun.* Une adresse sympathique pour ses très bonnes tapas, à la pièce ou en assiette à partager. Il y en a pour tous les goûts, du burger au *fish & chips* méditerranéen ou aux viandes grillées.

63 **Tickets** – **B6** - *Av. del Parallel, 164 - Plaça Espanya - 606 225 545 - www.ticketsbar.es - mar.-vend. 18h30-22h30, sam. 13h-15h, 19h-22h30. Make Tapas not war.* Dès la vitrine, le ton est décalé ; la déclinaison des tapas aussi, dans un cadre désign récup' plein d'humour. La cuisine est préparée sous vos yeux, sous la houlette créative d'Albert Adrià. Réserv. en ligne impérative.

PEDRALBES

Plan p. 83

De 15 à 30 €

64 **Mandarina** – *Sarrià, 137 - Maria Cristina - 932 056 004 - www.mandarinarestaurant.com - lun.-vend. 8h-18h - fermé soir et w.-end - menu 15 €.* Design très contemporain, mais ambiance décontractée pour une cuisine méditerranéenne créative et légère.

65 **Vivanda** – *Major de Sarrià, 134 - Sarri - 932 031 918 - www.vivanda.cat - mar.-sam. 13h30-15h30, 20h30-23h - fermé dim. soir et lun.* Une cuisine catalane qui mise sur de petites assiettes très variées que l'on peut commander en demi-portions. Décor contemporain sobre et charmante terrasse arborée.

TIBIDABO

Plan p. 86

De 30 à 50 €

66 **El Asador de Aranda** – *Av. del Tibidabo, 31 - Av. del Tibidabo puis tramway bleu - 934 170 115 - www.asadordearanda.net - 13h-23h - menus 40/50 € bc.* Le cadre élégant de cet ancien hôtel particulier de style moderniste, au flanc du Tibidabo, garantit déjà un moment d'exception. Dans l'assiette, priorité aux viandes grillées à la braise.

Prendre un verre

Barcelone regorge de bars et de cafés de tous les styles, du glacier à la bodega hors d'âge, du *xiringuito*, les pieds dans le sable, au bar design où se pressent les *beautiful people*. Hormis l'heure de la sacro-sainte sieste (entre 15h30 et 17h ou 18h) vous aurez l'embarras du choix. La plupart des bars servent aussi des tapas plus ou moins copieuses et variées, ce qui permet à ceux que rebutent les heures tardives à l'espagnole de se concocter un apéro dînatoire. Attention, toutefois, à l'addition qui, à coups de petites assiettes, peut grimper très vite ! Quant à ceux qui veulent goûter l'ambiance nocturne de la ville, la meilleure option est de filer vers Gràcia, le quartier qui concentre les petites places intimes et les bars chaleureux.

Repérez les adresses sur nos plans grâce aux pastilles numérotées (ex. 1). Les coordonnées en rouge (ex. C2) font référence au plan détachable (à l'intérieur de la couverture).

BARRI GÒTIC

Plans ***p. 22 et 24***

Cafés - salons de thé

1 **Caelum** – **D5** - *La Palla, 8 - Liceu - 933 026 993 - www.caelumbarcelona.com - lun.-jeu. et dim. 10h-21h, vend.-sam. 10h-22h.* Agréable boutique-salon de thé où l'on vend toutes sortes de douceurs élaborées dans les couvents espagnols. On prend place à l'une des jolies tables, à l'écart de l'agitation de la rue. Petite restauration salée.

Bars à tapas

2 **Oviso** – **E5** - *Arai, 5 - Liceu - 933 043 726 - 9h-2h30 (3h vend.-sam.).* Bar-restaurant convivial aux murs tapissés de dessins, où l'on mange à toute heure salades et tartines à un prix modique.

3 **Cala del Vermut** – **D4** - *d'en Copons, 2 - Urquinaona - 933 179 623 - 10h-16h, 19h-23h - fermé dim. soir.* Minuscule bistrot de quartier, grand choix de vermouths maison et quelques tapas, pour prendre l'apéritif dans une ambiance 100 % espagnole.

LA RIBERA - EL BORN

Plan ***p. 31***

Cafés - salons de thé

19 **Bornet** – **E4** - *Barra de Ferro, 6 - Jaume I - 932 681 507 - lun.-14h-0h30, mar.-dim. 11h-0h30 (3h vend.-sam.).* Des murs en pierre, quelques tables, des tentures cosy et un fond musical folk ou jazzy : une escale en toute zénitude, pour un thé, un café et une pâtisserie !

14 **Pastisseria Brunells** – **E4** - *Princesa, 22 et Montcada 7 - Jaume I - 933 196 825 - www.brunells.es - mar.-sam. 8h30-20h, dim. 8h30-15h.* Une pâtisserie dans son jus, fondée en 1852, qui se double d'un salon de thé au cadre tout aussi suranné... Une institution où l'on vient

s'attabler à toute heure, pour ses biscuits, ses viennoiseries, ou céder à la tradition du *chocolate con churros*. Idéal aussi pour le petit-déjeuner.

Bars

20 **Antic Teatre** – **D4** - *Verdaguer i Callís, 12 - Urquinaona - 933 152 354 - www.anticteatre.com - lun.-jeu. 10h-23h30, vend. 10h-0h, sam. 17h-0h, dim. 17h-23h30.* À l'écart de la rue, la cour secrète de ce centre culturel est une oasis de fraîcheur, à l'ombre de son grand figuier. Café-bar tranquille ou animé selon les heures, pour un verre ou un en-cas.

Bars à tapas

12 **La Vinya del Senyor** – **E5** - *Pl. Santa Maria, 5 - Jaume I - 933 103 379 - lun.-jeu. 12h-1h, vend.-sam. 12h-2h, dim. 12h-0h.* Un bar sur deux étages et une grande terrasse très agréable au pied de l'église Santa Maria del Mar, pour une pause déjeuner ou l'apéritif. Assez touristique quand même.

29 **Mundial Bar** – **E4** - *Pl. Sant Agustí Vell, 1 - Jaume I - 933 199 056 - 13h-15h30 (16h sam.), 19h30-23h30 (0h vend.-sam.) - fermé lun. et mar. matin.* Depuis 1925, rien ou presque n'a changé dans cet authentique bar de quartier décoré d'anciennes photos de gloires de la boxe. On y grignote de succulentes *patatas bravas* et d'excellentes tapas de la mer, en se mêlant aux habitués.

13 **El Xampanyet** – **E4** - *Montcada, 22 - Jaume I - 933 197 003 - 12h-15h30, 19h-23h - fermé dim. soir et lun.* Ce bar, qui sert du cidre à la pression ou du *cava* accompagné d'excellentes tapas (les plus célèbres anchois de la ville !), est une référence depuis 1929. Beau décor d'azulejos. Une adresse qui ne démérite pas.

21 **Ten's** – **E4** - *Rec, 79 - Barceloneta - 933 192 222 - www.tensbarcelona.com - 13h-15h30 (16h w.-end), 20h-23h30 (0h vend.-sam.).* Design épuré et ambiance informelle, chef multi-étoilé et tapas sophistiquées pour un apéro dînatoire tout à fait raffiné. La carte décline les grands classiques traditionnels dans un esprit contemporain et esthétique. Mieux vaut réserver !

LA RAMBLA - EL RAVAL

Plan p. 39

Cafés-salons de thé

4 **Pastelería Escribà** – **D5** - *Rambla de les Flors, 83 - Liceu - 933 016 027 - www.escriba.es - 9h-22h.* Célèbre établissement familial installé dans un vieil entrepôt de style moderniste (1820). On y sert de délicieuses pâtisseries et des plats salés. La merveilleuse devanture et les alignements de petits gâteaux dans la vitrine suffiront à vous faire envie !

5 **Café de l'Òpera** – **D5** - *Rambla, 74 - Liceu - 933 177 585 - www.cafeoperabcn.com - 8h30-2h30.* Ce café historique, installé en face du théâtre du Liceu, est une véritable institution avec sa façade moderniste et son atmosphère 19e s. Idéal pour s'imaginer en bourgeois barcelonais grand style…

6 **El Bosc de les Fades** – **E6** - *Passatge de la Banca, 5 - Drassanes - 933 172 649 - lun.-vend. 10h-1h,*

w.-end. et j. fériés 11h-1h. Attenant au musée de Cire, une salle voûtée en forme de forêt enchantée où vous pourrez prendre un verre dans une ambiance de conte de Grimm... Kitsch, mais les enfants adorent !

Bars

23 **Casa Almirall** – **C5** - *Joaquín Costa, 33 - Universitat - 933 189 917 - www.casaalmirall.com - lun.-merc. 17h30-2h30, jeu.-dim. 12h-2h30.* Élégance toute moderniste, boiseries et marbre forment le très beau décor de l'un des plus anciens bars du Raval (1860). On y vient notamment pour le vermouth et l'absinthe, souvenirs de la grande époque bohème du quartier.

Lalocracio/iStock

Tapas.

Bars à tapas

22 **La Llibertària** – **D4** - *Tallers, 48 - Catalunya - 933 040 641 - 9h-0h.* Un petit rade à l'ancienne, voué à la gloire des féministes et anarchistes des années 1930, photos et affiches vintage à l'appui. Idéal pour une bière et des tapas à petit prix. Fréquenté par la clientèle étudiante et bohème d'El Raval.

7 **Irati** – **D5** - *Cardenal Casañas, 17 - Liceu - 902 520 522 - www.iratitavernabasca.com - 13h-16h, 19h-0h (11h-0h30 pour les pintxos).* À deux pas de la plaça del Pi, cette taverne basque est bondée à l'heure de l'apéro. On y sert de délicieux *pintxos* (tapas basques). Attention, toutefois, l'addition peut vite grimper...

16 **Bar Lobo** – **D5** - *Pintor Fortuny, 3 - Liceu - 934 815 346 - www.grupotragaluz.com - tlj 9h-0h - formule déj. 12 €.* Du petit-déjeuner au dernier verre de fin de soirée, ce vaste bar design séduit à toute heure avec son agréable terrasse donnant sur une petite place ensoleillée à l'écart de la Rambla. Tapas dans l'air du temps.

EIXAMPLE

Plan p. 46-47

Cafés - salons de thé

25 **Pudding** – **D3** - *Pau Claris, 90 - Passeig de Gràcia - 936 761 025 - www.puddingbarcelona.com - 9h-22h (21h dim.).* Des flashs de couleur sous le joli plafond drapé, une petite véranda romantique et un sous-sol voué aux enfants : idéal pour une pause gourmande, sucrée ou salée. Formules à prix doux selon les heures.

Bars

8 Les gens que j'aime – **C2** - *Valencia, 286 - Passeig de Gràcia - 932 156 879 - www.lesgensquejaime.com - dim.-jeu. 18h-2h30, vend.-sam. 19h-3h.* Un bar bohème et intime, incontournable à l'heure du cocktail. Lumière tamisée et clientèle chic et intello ! L'une des adresses réputées du quartier.

24 BierCaB –**C4** - *Muntaner, 55 - Universitat - 644 689 045 - www.biercab.com - lun.-sam. 12h-0h (2h vend.-sam.), dim. 17h-0h.* Ici, la bière, c'est du sérieux : une trentaine de pressions différentes et un choix encore plus large de bouteilles de toutes origines, pour accompagner de bonnes petites assiettes de fruits de mer ou de ceviche. L'utilisation du bois pour la déco est spectaculaire et le décor, mi-récup' mi-industriel est très réussi.

Bars à tapas

36 Ciudad Condal – **C4** - *Rambla de Catalunya, 18 - Passeig de Gràcia - 933 181 997 - tlj 7h30-1h30.* Les tapas et *montaditos* (petits sandwichs) qui s'alignent sur le comptoir sont des plus alléchants et l'ambiance, toujours très animée, se révèle très plaisante. Idéal pour grignoter à toute heure de la journée, entre deux visites dans l'Eixample.

GRÀCIA

Plan p. 57

Bars

9 Bodega Raïm – **C2** - *Progrés, 48 - Fontana - mar.-sam. 20h-2h (3h vend.-sam.).* Typique petite bodega dont les propriétaires sont amoureux de la culture cubaine. Elle est fréquentée par la clientèle « bobo » de Gràcia qui vient y déguster un *mojito*. Ambiance latino *muy caliente* !

10 Bar Virreina –**B1** - *Pl. de la Virreina, 1 - Fontana - 934 153 209 - lun.-vend. 9h-1h, sam. 10h-1h30, dim. 10h-0h.* La terrasse de café la plus convoitée de Gràcia ! Lieu de rendez-vous pour le café du matin ou le vermouth à l'apéro. Il faut dire que les quelques tables sur la mignonne petite place ne manquent pas de charme !

26 Bodega Marín –**C1** - *Milà i Fontanals, 72 - Fontana ou Joanic - 932 133 079 - 7h-15h, 17h-23h - fermé sam. soir et dim.* Des bouteilles de vin alignées du sol au plafond sur les étagères, des post-it multicolores écrits à la main pour légender chaque cru et quelques tabourets pour déguster ; une bodega centenaire et dans son jus pour savourer un vin bio local ou un *mojito* sans du tout se prendre au sérieux.

18 Berlin –**B2** - *Muntaner, 242 - Provença - 932 006 542 - lun.-merc. 9h-1h30, jeu. 9h-2h30, vend. 9h-3h, sam. 10h-3h.* Ambiance de quartier dans ce bar aux lignes épurées. Pour un verre ou un sandwich à toute heure, sur sa terrasse improvisée.

Bars à tapas

27 La Fourmi – **C1** - *Milà i Fontanals, 58 - Fontana ou Verdaguer - 932 133 052 - www.facebook.com/LaFourmiBarcelona - lun.-vend. 9h30-1h30, sam. 10h-3h,* *dim. 10h-1h30 - formule déj. 10,90 € (lun.-vend.), w.-end brunch 9,90 €.* La succession de salles et le décor bric-à-brac chaleureux donnent le ton d'un bar décontracté où il fait bon se poser pour un jus de fruit ou un délicieux cocktail (la spécialité).

28 **Sol de Nit** – **B1** - *Pl. del Sol, 9-10 - Fontana - 932 373 937 - 11h30-2h30 (3h vend.-sam. et veille de j. fériés).* Situé sur la plaça del Sol, ce bar typiquement catalan est agencé tout en longueur et décoré de boiseries et de céramiques. Excellente ambiance, clientèle locale et large éventail de tapas. Agréable terrasse.

PORT VELL - LA BARCELONETA

***Plan** p. 63*

Bars à cocktails

17 **Marea Baja** – **D6** - *Edificio Colón - Drassanes, 6-8 (23e étage) - Drassanes - 936 313 590 - www.restaurantemareaalta.com - mar.-merc. 12h-0h, jeu.-dim. 12h-2h - fermé lun.* On ne peut rêver situation plus spectaculaire : occupant le 23e étage de l'édifice, salons cosy et terrasses (munies de longues vues) offrent un panorama à 360° sur Barcelone ! Large choix de cocktails (6,50 - 14 €), que l'on peut accompagner de quelques tapas soignées (4-12 €). Restaurant à l'étage (*p. 97*).

Bars à tapas

11 **Can Paixano** – **E5** - *Reina Cristina, 7 - Barceloneta - 933 100 839 - www.canpaixano.com - 9h-22h30 - fermé dim. et j. fériés.* Un grand classique pour débuter la soirée, plus connu sous le nom de Xampanyería. Habitués et étudiants se mêlent sous les jambons suspendus. Le *cava* coule à flot !

31 **Bar Electricitat** – **F5** - *Sant Carles, 15 - Barceloneta - 932 215 017 - 8h-15h (16h dim.), 19h-22h30 (23h sam.) - fermé dim. soir et lun.* Un vrai bar de quartier, perdu dans une rue à l'écart du port. Une institution de la Barceloneta, où l'on vient surtout boire du vermouth vendu aussi en vrac, directement tiré du tonneau. Décor d'un autre temps, ambiance chaude et animée et excellentes tapas.

30 **Milk** – **E5** - *Gignàs, 21 - Barceloneta - 932 680 922 - www.milkbarcelona.com - 9h-2h30.* À la limite du Barri Gòtic, ce bar aux banquettes colorées et au décor néobaroque est une bonne option pour boire un verre en journée ou pour grignoter une salade. Bons cocktails et programmation musicale de qualité.

15 **Celta** – **E5** - *La Mercè, 9 - Drassanes - 933 150 006 - mar.-dim. 12h-24h - fermé lun.* L'un des meilleurs bars à tapas de la rue, malgré une déco inexistante. On se pose au comptoir, face aux vitrines débordant de tapas : croquettes, *patatas bravas, pulpo a la gallega*... tous les classiques y sont ! À déguster avec le traditionnel cidre.

EL POBLENOU

***Plan** p. 68-69*

Glaciers

33 **El Tío Che** – **G1** - *Rambla del Poblenou 44-46 - Poblenou - 933 091 872 - www.eltioche.es - été :*

10h-1h (2h vend.-sam.) ; hiver : 10h-22h - fermé merc. Paradoxalement, ce n'est pas pour les glaces que tout le monde se presse chez l'oncle Che, mais pour la *horchata*, une boisson glacée traditionnelle de la région de Valence, élaborée à base de tubercules de souchet. Un vrai délice, très sain et aux parfums multiples.

Bars à tapas

34 **Xiringuito Escribà** – **H3** - *Av. Litoral, 62 - Ciutadella/Vila Olímpica - 932 210 729 - www.xiringuitoescriba.com - 11h-20h30.* Posé sur la plage del Bogatell, ce bar permet de boire un verre devant la mer. Sert aussi des tapas et des plats.

32 **Sa Tramuntana** – **H2** - *Dr Trueta 225, local 2 - Jaume I - 931 719 836 - www.satramuntana.com - 12h-16h, 19h-23h30 - fermé lun. et dim. soir - menu 20/28 €.* Voué à la promotion du terroir des îles Baléares, ce showroom aligne jambons, olives, huiles fines et même menus objets. Impeccable pour des *patatas bravas* arrosées de vermouth ou pour une assiette de jambon.

EL POBLE SEC - MONTJUÏC

Plan p. 75

37 **La Caseta del Migdia** – *Mirador del Migdia - Montjuïc - 617 956 572 - www.lacaseta.org - de mi-juin à déb. sept. : merc.-jeu. 20h-1h, vend. 20h-2h, sam. 12h-2h, dim. 12h-1h ; reste de l'année : sam.-dim. et j. fériés 12h-coucher du soleil.* À côté du jardin botanique, sur la terrasse d'une jolie maisonnette, des tables, des DJ et l'un des meilleurs points de vue sur Barcelone pour voir le coucher de soleil.

Bars à tapas

35 **Quimet i Quimet** – **C6** - *Poeta Cabanyes, 25 - Poble Sec - 934 423 142 - lun.-vend. 12h-16h, 19h-22h30.* Si vous rêvez de *bocadillos* tout frais, garnis devant vous de produits délicieux, ne manquez pas ce bar tenu par la même famille depuis des générations. Une excellente adresse !

PEDRALBES

Plan p. 83

Bars

38 **El Tomás de Sarrià** – *Major de Sarrià, 49 - Sarrià - 932 031 077 - www.eltomasdesarria.com - 12h-16h, 18h-22h - fermé dim., j. fériés et en août.* Une adresse réputée pour ses *patatas bravas* et très appréciée par la clientèle locale !

TIBIDABO

Plan p. 86

Bars

39 **Mirablau** – *Pl. Dr Andreu, s/n - Tram Blau (au pied du funiculaire) - 934 185 879 - www.mirablaubcn.com - lun.-jeu. 11h-4h (4h30 jeu.), vend.-sam. 11h-5h, dim. 11h-0h30.* Bar situé sur le flanc du Tibidabo, et dont la superbe terrasse offre une vue impressionnante sur la ville. Tapas copieuses.

Shopping

Marchés traditionnels, boutiques anciennes, magasins de design, créateurs de mode, chausseurs... Ici, tout le monde trouvera son bonheur. En règle générale, beaucoup de petites boutiques sont fermées le dimanche. Les grandes enseignes et les marques de luxe restent ouvertes.

Repérez les adresses sur nos plans grâce aux pastilles numérotées (ex. 1). Les coordonnées en rouge (ex. C2) font référence au plan détachable (à l'intérieur de la couverture).

BARRI GÒTIC

***Plans** p. 22 et 24*

Ce quartier regorge de commerces, traditionnels et modernes, ainsi que de magasins de souvenirs.

Livres

17 **Sala Ciutat** – **D5** - *Ciutat, 2 - Jaume I - www.barcelona.cat/salaciutat - lun.-sam. 10h-20h.* Cette librairie spécialisée dans les publications consacrées à Barcelone se double d'un espace d'exposition dédiée aux illustrateurs locaux (l'immense fresque murale change tous les 6 mois). Large choix de livres, tous genres confondus, et en plusieurs langues.

Mode

7 **La Manual Alpargatera** – **D5** - *Avinyó, 7 - Jaume I - 933 010 172 - www.lamanualalpargatera.com ou lamanual.net - lun.-vend. 9h30-13h30, 16h30-20h, sam. 10h-13h30, 16h30-20h.* Le lieu incontournable pour se procurer d'authentiques espadrilles catalanes, indispensables pour danser la sardane... et si agréables à porter en été.

Divers

9 **Art Montfalcon** – **D4** - *Boters, 4 - Liceu - 933 011 325 - www.montfalcon.com - lun.-vend. 10h-21h30, w.-end 10h30-21h30.* Amusant centre commercial sur deux étages :

Les boutiques anciennes

À l'entrée de certains commerces anciens, une plaque de fonte au sol porte l'inscription « Ajuntament de Barcelona en reconeixement als seus anys de servei a la ciutat » (« La mairie de Barcelone en reconnaissance des années de service à la ville »). Cette plaque « guapos per sempre » (« beaux pour toujours ») est une récompense accordée par l'Institut du paysage urbain aux commerces et boutiques qui ont développé leur activité commerciale tout en conservant la décoration originale de leur établissement. Plus d'une centaine de commerces ont reçu ce titre honorifique, dont la pâtisserie Escribà, le Cafè de l'Òpera et la Camiseria Bonet sur les Ramblas, le restaurant Els Quatre Gats et la boutique El Ingenio dans le Barri Gòtic et de nombreuses pharmacies de l'Eixample (Casaus, Enrich, Bolós...). Ayez l'œil !

Subira Cereria.

bijoux fantaisie, céramiques, sacs, accessoires, gadgets, boutiques d'art ou d'objets recyclés…

11 **Cerería Subirà** – ***E4*** - *Baixada de la Llibreteria, 7 - Jaume I - 933 152 606 - lun.-jeu. 9h30-13h30, 16h-20h, vend. 9h30-20h, sam. 10h-20h.* Le plus vieux magasin de Barcelone (1761), spécialisé dans la fabrication de cierges et de bougies. La décoration date quant à elle du 19e s.

LA RIBERA - EL BORN

***Plan** p. 31*

Les galeries d'art sont nombreuses autour du passeig del Born et de la carrer de Montcada. Pour les œuvres de haute facture, rendez-vous à la **galerie Maeght** et à la **Sala Montcada**. Tout autour, faites votre choix entre créateurs, designers, peintres… Les *fashionistas* à l'affût des dernières tendances ne manqueront pas les rues Rec, Argenteria et Bonaire.

Gastronomie

22 **Bubó** – ***E5*** - *Caputxes, 10 - Jaume I - 932 687 224 - www.bubo.es - lun.-jeu. 10h-21h, vend.-sam. 10h-23h, dim. 10h-22h.* Cette pâtisserie haut de gamme se niche dans un coin de la plaça de Santa María del Mar. La décoration et l'éclairage soignés mettent en valeur ses délicieux chocolats et gâteaux. Petit coin dégustation (café).

Marché

2 Mercat de Santa Caterina – **E4** - *Francesc Cambó, 16 - Jaume I - 933 195 740 - www.mercatsantacaterina.com - lun., merc., sam. 7h30-15h30, mar., jeu.-vend. 7h30-20h30.* Marché d'alimentation. N'oubliez pas de jeter un coup d'œil à sa toiture colorée.

Mode

28 Biba – **E5** - *Pl. de les Olles, 2 - Barceloneta - 937 062 000 - www.bibashops.com - lun.-sam. 11h-21h, dim. 10h-18h.* Cette maison barcelonaise (plusieurs autres adresses) décline trois marques originales. Sacs pratiques, petits bagages et accessoires astucieux, élégants et surtout à prix très doux. De quoi succomber sans remords.

Divers

29 Almacen Marabi – **E4** - *Cirera, 6 - Jaume I - www.almacenmarabi.blogspot.com - lun.-sam. 12h-14h30, 17h-20h30.* Penchée sur sa machine à coudre, Mariela Marabi recrée le monde en couleurs et en feutrine. Trophées de chasse pleins d'humour, grands cactus bariolés, petits livres de contes habités de marionnettes à doigts, mobiles, c'est inventif et drôle.

30 Olivart – **E4** - *Banys Vells, 6 - Jaume I - 933 285 134 - www.olivartartgallery.com - été : mar.-sam. 12h30-20h30 ; hiver : merc.-sam. 13h-20h.* Une petite galerie d'art qui propose une palette très éclectique de jeunes artistes, peintres, sculpteurs ou photographes, à des prix abordables.

18 Galería Maxó – **E4** - *Portal Nou, 29 et Carders, 29 - Jaume I et Arc de Triomf - 931 876 844 - www.galeriamaxo.com - tlj 11h-22h.* Pour un souvenir original de votre séjour barcelonais, faites un détour par cette petite galerie qui propose notamment des photos ou des cartes postales de la ville, customisées avec effet « 3D » et joliment encadrées. Le tout à prix serrés... pourquoi se priver ?

LA RAMBLA - EL RAVAL

Plan ***p. 39***

La plaça de Catalunya est dominée par l'incontournable grand magasin espagnol **Corte Inglés**. Sur la Rambla, les grandes enseignes internationales du type H & M et Zara voisinent avec le marché de la Boqueria. Du côté du Raval, les amateurs de vinyles trouveront leur bonheur dans la calle Tallers. Pour un shopping vintage, direction la calle Riera Alta et ses boutiques de fripes. Soyez attentif aux boutiques de maroquinerie des rues Hospital et Carme.

Disques

14 Wah Wah – **D5** - *La Riera Baixa, 14 - Liceu - 934 423 703 - www.wah-wahsupersonic.com - lun.-sam. 11h-14h, 17h-20h30.* L'un des disquaires les mieux fournis au niveau européen, un incontournable pour les « accros » aux vinyles des années 1970.

Gastronomie

32 Torrons Vicens – **D5** - *Petritxol, 15 - Liceu - 933 043 736 - www.vicens.com - 10h-20h30, dim. 11h-20h.* Cette vénérable maison fabrique d'excellents torrons et propose des saveurs inédites comme la recette au gin tonic. Plusieurs adresses en ville.

Livres

12 La Central del Raval – ***D4*** - *Elisabets, 6 - Liceu, Catalunya - 900 802 109 - www.lacentral.com - lun.-sam. 10h-21h.* Cette librairie située dans les murs de l'ancienne église de la Misericordia est bien fournie en ouvrages en catalan et en castillan, mais dispose aussi de livres en français. Presse nationale et internationale à disposition dans son café-restaurant.

Marchés

1 Mercat de La Boqueria – ***D5*** - *La Rambla, 91 - Liceu - 933 182 584 - www.boqueria.info - lun.-sam. 8h-20h30.* Marché central installé dans un bâtiment du 19e s. On y trouve des denrées d'excellente qualité, les plus variées de Barcelone. Idéal pour acheter (ou déguster) des produits typiques à bons prix : jambons, fromages, vins.

Mode

15 Holala ! Plaza – ***D4*** - *Pl. Castella, 2 - Universitat - 933 020 593 - lun.-sam. 11h-21h.* La Mecque du vintage à Barcelone. Cette boutique propose des pièces de seconde main pour filles et garçons dans le vent, et une sélection pointue d'accessoires kitch à souhait.

6 Kokua – ***D5*** - *Boqueria, 30 - Liceu - 932 687 224 - 10h-21h.* Emblème s'il en est de la mode espagnole, les ballerines Kokua sont sympas et confortables, dans toutes les couleurs imaginables, fabriquées à Barcelone de surcroît, dans de jolis cuirs souples. Sacs et cabas assortis. *Autre adresse : baixada de la Llibreteria, 4 (à côté du MUHBA).*

Vins

13 El Celler de la Boqueria – ***D5*** - *Petxina, 9 - Liceu - 933 019 937 - www.cellerboqueria.com - lun.-sam. 10h30-20h.* Grand choix de *cavas* et de vins catalans et espagnols classés par régions de production. Idéal pour apprendre à connaître les crus locaux.

Divers

10 Art Escudellers – ***D5*** - *Escudellers, 23-25 - Liceu - 934 126 801 - 11h-23h.* Immense magasin de la vieille ville, distribué sur deux étages.

Ch. Barrely / Michelin

Almacen Marabi.

Ses vitrines exhibent une multitude de faïences et autres produits artisanaux classés par région. Le choix de produits catalans est, bien sûr, le plus grand. Vous y trouverez aussi bien des articles d'art de la table ou de décoration de salle de bains que des accessoires pour le jardin. Au sous-sol, vente de vins et du fameux *cava*.

31 **Herbolari del Rei** – **D5** - *Vidre, 1 - Liceu - 933 180 512 - www.herboristeriadelrei.com - mar.-jeu. 14h30-20h30, vend.-sam. 10h30-20h30.* Fondée en 1818, cette splendide herboristerie est la plus ancienne de Catalogne, conservée dans son décor isabellin de 1857. La visite vaut déjà pour le plaisir des yeux, mais on peut y acheter des plantes médicinales ou des savons.

EIXAMPLE

***Plan** p. 46-47*

Le passeig de Gràcia est le lieu d'élection des enseignes de grandes marques du luxe qui sont ouvertes même le dimanche. La Rambla Catalunya est connue pour ses magasins de chaussures et la carrer Consell de Cent pour ses galeries d'art. Dans les rues perpendiculaires au passeig de Gràcia (Provença, València, Aragó), se cachent des boutiques de créateurs et de nombreuses épiceries fines.

Gastronomie

16 **Colmado Quilez** – **C3** - *Rambla Catalunya, 63 - Passeig de Gràcia - 932 158 785 - www.lafuente.es - 9h-14h, 16h30-20h30 - fermé dim.* Un *colmado* (épicerie traditionnelle) centenaire où se côtoient foies gras, caviars, fromage *manchego, fuets, sobrasada*, conserves, vins et liqueurs de toutes sortes.

Enfants

20 **Limobebe** – **D3** - *La Diputació, 278 - Passeig de Gràcia - lun.-vend. 10h30-20h, sam. 10h30-15h, 16h-20h.* Vêtements, jouets et accessoires aux couleurs gaies, vous trouverez tout pour les enfants de moins de 2 ans.

Mode

33 **Pretty Ballerinas** – **C2** - *Passeig de Gràcia, 106 - Diagonal - 934 156 524 - www.prettyballerinas.es - lun.-sam. 10h-20h30 - fermé dim.* Cette marque de ballerines raffinées a été lancée en 2005 par une famille de Minorque qui les fabrique depuis 1918. La boutique décline des modèles originaux, élégants et abordables, pour les mamans comme pour les petites filles.

GRÀCIA

***Plan** p. 57*

Le quartier de Gràcia ne mise pas du tout sur les grandes enseignes mais, à l'opposé, sur une foule de petites boutiques de jeunes créateurs (rues Verdi, Asturies, Gran de Gràcia et Torrent de l'Olla), d'échoppes bios et écolos ou de décorateurs branchés. Attention toutefois, la plupart sont fermées le dimanche.

Déco

36 **Fulanitu i Manganita** – **B1** - *Verdi, 25 - Fontana - 935 131 954 - lun.-sam. 11h-21h - fermé dim.*

Clins d'œil vintage, bibelots baroques, néons fifties ou récup' astucieuse, il y a dans ces deux pièces de quoi offrir un grain de folie à sa déco, grâce à une foule d'objets détournés, rajeunis, revampés...

37 **Rekup & co** – ***B1*** - *Verdi, 61 - Fontana - 694 472 297 - www.rekupandco.com - lun.-jeu. 11h-14h30, 17h-21h, vend.-sam. 11h-21h - fermé dim.* Bois de palettes patinées ou métal de récupération, les objets conçus par ce couple de Français installés à Barcelone ne manquent pas d'allure. Et pour ne rien gâcher, les prix sont plutôt doux !

Enfants

41 **Limobebe Gràcia** – ***B1*** - *Diputació, 278 - Fontana - 933 020 283 - www.limobebe.com - lun.-sam. 10h-15h, 16h-20h (17h-20h sam.) - fermé dim.* Une deuxième adresse pour cette boutique dont on adore les vêtements de bébé en coton bio, déclinés dans toutes les couleurs, les ustensiles de puériculture malins et les adorables doudous.

Gastronomie

34 **Vom Fass** – ***B1*** - *Cigne, 14 - Fontana - 934 160 673 - www.vomfass-barcelona.es - lun.-sam. 10h-14h30 (11h lun.), 17h-20h30.* Près du petit marché de la Llibertat, cette échoppe s'est vouée à l'huile et au vinaigre. Des rangées de fioles ou de bocaux, de petites barriques, pour une incroyable variété de saveurs à déguster comme des grands crus. Aussi de grands whiskys et des flacons d'arômes pour préparer des cocktails savants.

PORT VELL - LA BARCELONETA

Plan p. 63

Ne comptez pas faire de lèche-vitrine dans ce quartier. La Barceloneta conserve son style populaire et résidentiel simple, tandis que le centre commercial Maremagnum, sur le Port Vell, ne retient pas vraiment l'attention.

Gastronomie

8 **Papabubble** – ***E5*** - *Ample, 28 - Barceloneta - 932 688 625 - www.papabubble.com - 10h-14h, 16h-20h30 (10h-20h30 sam.) - fermé dim.* Confiserie à l'ancienne malgré le décor un peu clinique : on assiste à la fabrication sur le comptoir de marbre. Sucettes, sucres d'orge et bonbons

Ch. Barrely / Michelin

Papabubble.

rigolos de toutes les couleurs, à tous les goûts ou en forme de fleurs.

EL POBLENOU

***Plan** p. 68-69*
Comme tous les quartiers en devenir qu'envahissent progressivement les familles, El Poblenou compte de plus en plus de petites boutiques de fringues, chaussures ou déco, mais il refuse de céder aux sirènes de la consommation de masse. On y trouve surtout des ateliers d'artistes, ouverts de façon aléatoire.

Gastronomie

(38) **La Graneria del Poblenou** – ***G1*** - *Pujades, 188 - Poblenou - 932 500 268 - 10h-14h, 17h-20h30 - fermé sam. soir et dim.* Tout bon tout bio, un éventaire de rêve pour les grignoteurs invétérés. On y trouve toutes les noix et graines imaginables, plus une palette impressionnante de biscuits salés ou sucrés pour les petites faims.

Marché

(5) **Mercat dels Encants** – ***F1*** - *Av. Meridiana, 69 - Glòries - 932 463 030 - www.encantsbcn.com - lun., merc., vend., sam. 9h-20h.* Ce marché aux puces réputé s'abrite désormais sous une canopée à l'architecture contemporaine étonnante.

Divers

(40) **Palo Alto Market** – ***H1*** - *Pellaires, 30 - Poblenou - 931 596 670 - www.paloaltomarket.com - 1er w.-end du mois (sf août) 11h-21h - 4 €.* Très représentatif de l'esprit *arty* qui flotte sur le quartier, ce marché d'un genre particulier conjugue la vente de produits artisanaux et d'œuvres d'art à des spectacles improvisés et à des stands gourmands dans l'esprit *truck* importé de New York. Belle atmosphère !

PEDRALBES

***Plan** p. 83*
Pour les amateurs de design, ayez l'œil sur l'avinguda Diagonal : vous y trouverez de nombreux magasins de meubles contemporains, de décoration et de luminaires.

Gastronomie

(26) **Foix de Sarrià** – *Major de Sarrià, 57 - FGC Sarrià - 932 030 714 - www.foixdesarria.com - tlj 8h-21h.* Une adresse gourmande pour faire le plein de douceurs catalanes. Cette fameuse pâtisserie a été ouverte à la fin du 19e s. par les parents du célèbre poète J. V. Foix. Aujourd'hui, c'est le cousin du poète qui tient les rênes de la maison.

Mode

(25) **L'Illa Diagonal** – *Av. Diagonal, 557 - Maria Cristina - 934 440 000 - www.lilla.com - lun.-sam. 10h-21h30.* Ce centre commercial, dessiné par les architectes Rafael Moneo et Ignasi de Solà-Morales, comprend un hôtel, des écoles, un palais des congrès et d'innombrables librairies, boutiques de vêtements, cadeaux, accessoires, etc. De quoi meubler un jour pluvieux ou pour les accros du shopping qui peuvent charger leur voiture.

Sortir

Barcelone est une ville festive et jeune où les soirées se prolongent fort tard.

Spectacles

Publications – Les hebdomadaires *Guía del Ocio* et *Time Out* sont des mines d'informations culturelles. *La Butxaca*, mensuel gratuit, publie un agenda des concerts et spectacles.

Opéra et concerts – Les incontournables sont le Gran Teatre del Liceu, l'Auditori et le Palau de la Música Catalana.

Théâtres – Barcelone compte de nombreuses salles réputées. Le moderne Teatre Nacional de Catalunya (TNC), haut lieu du théâtre catalan, présente théâtre et danse. Le magnifique Mercat de les Flors propose de bons spectacles de danse.

Salles de spectacle – Les concerts pop se donnent en général au Palau Sant Jordi, au parc del Fòrum et à l'Estadi Olímpic Lluís Companys.

Bars de nuit et discothèques

Les quartiers les plus fréquentés la nuit sont le **Raval**, le quartier de la **plaça Reial** (entre la Rambla et le Barri Gòtic), la **Vila Olímpica** (clientèle internationale), l'**Eixample** (surtout par la communauté gay) et **Poblenou** (boîtes pour jeunes branchés).

Repérez les adresses sur nos plans grâce aux pastilles numérotées (ex. 1). Les coordonnées en rouge (ex. C2) font référence au plan détachable (à l'intérieur de la couverture).

LA RAMBLA - EL RAVAL

Plan p. 39

1 **Jamboree** – *D5 - Pl. Reial, 17 - Liceu - 933 191 789 - www.masimas.com/jamboree - Jazz à 20h et 22h, discothèque à partir de minuit.* Une belle cave voûtée avec concerts de jazz, soul, funk. Décontracté.

3 **Bar Marsella** – *D6 - Sant Pau, 65 - Liceu - 934 427 263 - lun.-jeu. 22h-2h30 (3h vend.-sam).* Un vieux troquet où Dalí et Gaudí dégustaient l'absinthe. Le décor quasi centenaire contraste avec la clientèle, plutôt branchée.

4 **La Concha** – *D6 - Guàrdia, 14 - Drassanes - 933 024 118 - www.laconchadelraval.com - 17h-2h30 (3h30 vend.-sam.).* Dans le quartier chaud du Raval, ce bar un peu vieillot est l'un des grands rendez-vous de la jeunesse barcelonaise. Quelques nuits, spectacles de transformistes.

11 **La Macarena** – *E5 - Nou de Sant Francesc, 5 - Drassanes - 933 013 064 - www.macarenaclub.com - 0h-5h (6h vend.-sam.).* Pour enterrer la nuit en plein centre-ville !

GRÀCIA

Plan p. 57

2 **Pipa Club** – *C1 - Santa Eulàlia, 21 - Verdaguer - 933 011 165 - bpipaclub.wixsite.com/bpipaclub3 - jeu. 21h-2h, vend.-dim. 22h-3h.* Ce club de fumeurs de pipe (mais qui accepte les non-adeptes !), discret et feutré, organise des concerts de jazz.

EL POBLENOU

Plan **p. 68-69**

14 **Madame George** - **G1** - *Pujades, 179 - Poblenou - 935 005 151 - www.madamegeorgebar.com - lun.-jeu. 18h-2h, vend.-sam. 18h-3h, dim. 18h-1h.* Déco baroque et décadente, bons cocktails et ambiance intime et chaleureuse.

15 **Ovella Negra Megataverna** - **F2** - *Zamora, 78 - Bogatell - 933 095 938 - www.ovellanegrabcn.com - mar. 20h-1h30, merc.-jeu. 21h-2h30, vend.-sam. 17h-3h - fermé lun.* Un immense entrepôt pour faire la fiesta dans l'esprit Erasmus. Beaucoup d'étudiants, des bières, de la sangria, des tapas bon marché, des concerts, des billards ou des matchs de foot sur écran géant... Bref, c'est bruyant, festif et irrésistible !

7 **Razzmatazz** - **F2** - *Pamplona, 88 - 1er piso - Bogatell - 933 208 200 - www.salarazzmatazz.com - vend.-sam. et veilles de j. fériés 1h-6h.* Une ancienne usine reconvertie en complexe de cinq salles, temple de la jeunesse branchée. Musique indie pop et électro. Concerts réputés.

VILA OLÍMPICA

Plan **p. 68-69**

8 **Shôko** - **G4** - *Pg Marítim de la Barceloneta, 36 - Villa Olímpica - 932 259 200 - www.shoko.biz - tlj 0h-6h ; rest. 12h-0h - formule déj. en sem. 16,50 €.* Un club glamour et une clientèle « fashion ». Espace très zen au bord de la plage.

13 **CDLC (Carpe Diem)** - **G4** - *Pg Marítim de la Barceloneta, 32 - Villa Olímpica - 932 240 470 - www.cdlcbarcelona.com - tlj 12h-1h ; club 0h30-3h (5h jeu.-sam.) - compter 45 €.* Branchitude cool pour commencer la soirée devant la plage.

MONTJUÏC

Plan **p. 75**

9 **La Terrrazza** - **A7** - *Av. de F. Ferrer i Guardia, 13 - Espanya - 687 969 825 - www.laterrrazza.com - juin-sept. : jeu.-dim. 0h-6h - 15/20 €.* Un club à ciel ouvert au cœur du Poble Espanyol, institution estivale des noctambules. Programmation soignée et ambiance festive.

10 **Tinta Roja** - **C6** - *Creu dels Molers, 17 - Poble Sec - 934 433 243 - www.tintaroja.cat - merc. 20h30-1h, jeu. 20h30-2h, vend.-sam. et veille de j. fériés 20h30-3h.* Dans une déco de théâtre de variété, des spectacles de tango et de flamenco. Clientèle jeune et locale.

5 **Sala Apolo** - **D6** - *Nou de la Rambla, 113 - Paral.lel - 934 414 001 - www.salaapolo.com - voir programme sur le site internet.* La Mecque de l'éclectisme dans un ancien music-hall tapissé de velours rouge. Concerts live et boîte de nuit. Un lieu emblématique.

Bon à savoir

*Au Palau de la Virreina (Rambla, 99), le bureau **Tiquet Rambles** propose des réductions de 50 % sur certaines représentations théâtrales du jour (à la vente 3h avant le spectacle). http://lameva.barcelona.cat/lastminute/es.*

Se loger

Quelle que soit la saison, il est prudent de réserver votre chambre assez longtemps avant d'arriver à Barcelone et de vous préparer à desserrer les cordons de la bourse ! Barcelone compte plusieurs hôtels de grand luxe (non inclus dans notre sélection) situés sur les Rambles, aux abords du Port Olímpic et dans l'Eixample, près du passeig de Gràcia. C'est dans la vieille ville et le **Barri Gòtic**, de part et d'autre de la **Rambla**, que se concentre l'essentiel du logement bon marché et de gamme moyenne, ce qui a l'avantage de vous mettre au cœur des sites touristiques et de l'animation ; en revanche, le quartier de la Ribera est assez pauvre en hébergements.

Tarifs – Fourchette de prix indiquée pour une chambre double en haute saison (entre le printemps et l'automne). Le petit-déjeuner est souvent compris dans les hôtels, mais nombre de pensions et d'établissements modestes n'en proposent pas. Wi-Fi gratuit dans la plupart des hôtels.
Attention : vous devez ajouter au prix de la chambre une **taxe touristique**, par personne et par nuit (entre 0,65 € et 2,25 € selon la catégorie de l'hôtel), avec un maximum de sept nuits.

Repérez les adresses sur le plan détachable (à l'intérieur de la couverture) grâce aux pastilles numérotées (ex. 1). Les coordonnées en rouge (ex. D2) font référence à ce même plan.

Louer un appartement

La formule se révèle avantageuse, surtout si vous êtes nombreux... et permet d'économiser des frais de restaurant. Plusieurs centrales de réservation proposent des studios et appartements dans différents quartiers de la ville avec leur description et quelques photos.
En principe, vous versez des arrhes à la location, le solde et la caution une fois arrivés sur place (attention, certains propriétaires exigent des espèces). Parmi ces centrales : **www.barcelona-on-line.es**, **www.homelidays.com**, **www.waytostay.com** et **www.oh-barcelona.com**.

BARRI GÒTIC

Vous y trouverez nombre de pensions et d'auberges, notamment autour de la rue de la Boqueria. Mais, entre les touristes et les fêtards, ces endroits peuvent être assez bruyants.

Moins de 80 €

2 **Hotel Call** – ***D5*** - *Arc Sant Ramon del Call, 4 - Liceu ou Jaume I - 933 021 123 - www.hotelcall.es - - wifi - 25 ch. 56/90 €.* Hôtel sobre et bien tenu, bénéficiant d'un bon emplacement au cœur du quartier. Chambres spacieuses et claires, un peu austères. Assez cher quand même.

4 **Hostal Sol y K** – ***E5*** - *Cervantes, 2 (2° 1a) - Liceu - 933 188 148 - www.solyk.es - wifi - 14 ch. 60/90 €.*

Un des rares hôtels du centre ayant du style, à des prix encore accessibles ! Moderne et lumineuse, chaque chambre est différente, décorée avec imagination : poutres apparentes, tête de lit travaillée en mosaïque, Skaï capitonné, bois... Avec ou sans salle de bains privée, la plupart des chambres ouvrent sur un petit balcon. Sanitaires communs impeccables et accueil attentionné. Une bonne adresse, à réserver très longtemps à l'avance !

LA RIBERA - EL BORN

On ne peut que regretter la rareté des solutions d'hébergement dans ce quartier, sans doute le plus agréable de Barcelone. Ce sera surtout en lisière que vous trouverez quelques pensions, près de l'Estació de França.

Moins de 80 €

15 **Pensió Ciudadela** – *E4 - Comerç, 33 (1º 1a) - Barceloneta - 933 196 203 - www.pension ciudadela.com - - wifi - 6 ch. 70 €.* Les chambres de cet établissement sont simples mais de bonnes dimensions, propres et bien équipées... et la pension n'est qu'à deux pas du parc de la Ciutadella et du mercat del Born.

De 120 à 160 €

16 **Hotel Banys Orientals** – *E4 - Argenteria, 37 - Jaume I - 932 688 460 - www. hotelbanysorientals.com - - wifi - 43 ch.* Cet ancien édifice du 18es., restauré avec goût, dissimule l'un des plus charmants hôtels design de Barcelone. Lignes épurées, parquet couleur ébène, lits à baldaquin modernes : les chambres allient confort et design. Son restaurant, **Senyor Parellada**, est excellent.

LA RAMBLA

La Rambla est bruyante et l'insonorisation des hôtels bon marché pas toujours à la hauteur. Côté Raval (en particulier autour du marché de la Boqueria), prostituées et dealers sortent à la nuit tombée et la sécurité n'est pas toujours assurée.

Moins de 80 €

5 **Hotel Peninsular** – *D5 - Sant Pau, 34 - Liceu - 933 023 138 - www. hotelpeninsular.net - - wifi - 60 ch.* Bel immeuble, bien situé, qui abritait autrefois un couvent. Certaines chambres donnant sur la rue sont claires, mais la plupart sont petites et sombres. Toutes sont agencées autour d'une cour intérieure et le petit-déjeuner est servi dans une grande salle agréable.

De 80 à 120 €

3 **Hotel Condal** – *D5 - La Boqueria, 23 - Liceu - 933 181 882 - www. hotelcondal.es - - wifi - 52 ch. - à la carte.* À deux pas de la Rambla, sur une rue commerçante conduisant au cœur du Barri Gòtic. Chambres très confortables et bien tenues, agencées autour d'un puits de lumière traversant tout l'immeuble. Pour le calme, préférez les étages du haut. Une bonne adresse.

De 120 à 160 €

7 **Hostal Grau** – *D4 - Ramelleres, 27 - Catalunya - 933 018 135 -*

www.hostalgrau.com - - 26 ch. 80 € - à la carte (env. 3 €/pers.) au « Bar Centric canalla » attenant. Petit hôtel *eco-green* très soigné, doté de jolies chambres, confortables et bien équipées, dans un bel édifice proche du MACBA.

8 **Hotel Onix Liceo** – **D6** - *Nou de la Rambla, 36 - Liceu - 933 034 154 - www.onixhotels.com - - 45 ch.* Bien que rénové, ce bâtiment du 19e s. a conservé sa façade, son agréable patio (avec petite piscine) et son escalier en marbre. Ambiance moderne avec quelques notes design. Chambres fonctionnelles.

9 **Hotel Gaudí** – **D5** - *Nou de la Rambla, 12 - Liceu - 933 179 032 - www.hotelgaudi.es - - 73 ch. - 12 €.* Hall dans le goût moderniste. Les chambres sont spacieuses ; celles des étages supérieurs sont dotées de terrasses offrant une vue surprenante sur la ville et les toits du Palau Güell, situé juste en face.

EIXAMPLE

Le quartier de l'Eixample est en général plus cher que la vieille ville. On y trouve des hôtels de luxe et quelques autres de moyenne gamme d'un bon rapport qualité-prix, mais peu de pensions.

De 80 à 120 €

12 **Hotel Ginebra** – **D4** - *Rambla de Catalunya, 1 - Catalunya - 932 502 017 - www.hotelginebra.com.es - - 11 ch.* Dans un bel immeuble bourgeois, des chambres récemment rénovées, impeccablement tenues. Celles donnant sur la plaça de Catalunya sont dotées d'un double vitrage, ce qui limite le bruit. Très bon emplacement au cœur de Barcelone…

De 120 à 160 €

13 **Hostal Goya** – **D3** - *Pau Claris, 74 - Urquinaona ou Catalunya - 933 022 565 - www.hostalgoya.com - - 19 ch.* À la croisée de l'Eixample, du Barri Gòtic et du Born, et dans le prolongement de la via Laietana, cet hôtel extrêmement soigné, qui occupe le 1er et le 2e étage du bâtiment, possède des chambres claires, confortables, décorées avec goût et souci du détail, ainsi qu'un vaste et lumineux salon commun. Accueil doux et attentif.

21 **Hotel Praktik Bakery** – **C2** - *Provença, 279 - Diagonal - 934 880 061 - www.hotelpraktikbakery.com - - 74 ch. - 9 €.* Original et réussi : on entre dans cet hôtel par l'excellente boulangerie du rez-dechaussée, de quoi vous réveiller dans les effluves de pain frais ! Les chambres, blanches et minimalistes, sont dotées du meilleur confort et décorées dans l'esprit industriel.

Plus de 160 €

11 **Hotel Soho** – **C5** - *Gran Vía de les Corts Catalanes, 543-545 - Urgell - 935 529 610 - www.hotelsohobarcelona.com - - 51 ch.* Notes design et jeux de lumière caractérisent cet établissement qui allie confort et technologie. Piscine et terrasse sur le toit. Trois nuits minimum le w.-end.

GRÀCIA

Sympathique pour flâner le soir, mais un peu excentré.

De 120 à 160 €

1 **Casa Gràcia** - **C2** - *Passeig de Gràcia, 116 - Diagonal - 931 740 528 - www.casagraciabcn.com - - 136 ch. - lit en dortoir 80 €.* Une adresse prestigieuse pour une auberge de jeunesse de luxe, installée dans un bel immeuble bourgeois. Vastes chambres privées à des tarifs compétitifs pour ce quartier.

10 **Generator Hostel** - **C2** - *Còrsega, 373-377 - Diagonal ou Verdaguer - 932 200 377 - www.generatorhostels.com - - 154 ch. - lit en dortoir à partir de 30 €.* Une superbe auberge de jeunesse comportant aussi des chambres privées très confortables, du niveau d'un bon hôtel. Belle ambiance et décor multicolore dans un esprit design très barcelonais. Parties communes chaleureuses.

PORT VELL - LA BARCELONETA

Pour ceux qui veulent être entre la mer et les centres d'intérêt.

Moins de 80 €

18 **Pensió Segre** - **E5** - *Simon Oller - Drassanes - 933 150 709 - www.hostels45barcelona.com - 24 ch.* Cette pension modeste et simple mais bien tenue jouxte l'église de la Mercè proche de la Barceloneta. Elle possède trois vastes chambres (4 et 6 pers.) dotées de balcons, à un prix avantageux.

De 80 à 120 €

19 **Hotel Oasis** - **E5** - *Pla dePalau, 17 - Barceloneta - 933 194 396 - www.hoteloasis.es - - 94 ch. - 9,90 €.* Bien situé à quelques pas du port, cet hôtel propose des chambres basiques, mais néanmoins bien tenues et bien équipées. Salles de bains spacieuses.

EL POBLENOU

Excentré, mais proche des plages.

De 120 à 160 €

17 **Hostal Poblenou** - **H2** - *Taulat, 30 - Llacuna - 932 212 601 - www.hostalpoblenou.com - 10 ch. .* Installé dans une maison tranquille construite en 1930, ce *bed & breakfast* confortable permet de goûter à la vie de quartier. Les chambres sont sobres et plutôt de bon goût, dotées de superbes sols carrelés. Une bonne adresse.

Plus de 160 €

20 **Hesperia del Mar** - **H1** - *Espronceda, 6 (au coin du pg Garcia Fària) - Poblenou - 935 029 700 - www.nh-hotels.com - - 84 ch. - 18,90 €.* À proximité de la plage de la Nova Mar Bella, cet hôtel fonctionnel dispose de chambres bien équipées dotées de mobilier moderne, près de la plage.

SNOOPY

Barcelone pratique

Un castell, sur la plaça Sant Jaume.
A. Serrano / hemis.fr

Préparez votre voyage

FORMALITÉS D'ENTRÉE

Pièce d'identité obligatoire - Carte d'identité pour les ressortissants de l'UE et pour les Suisses ; passeport en cours de validité pour les Canadiens avec au moins 3 mois de validité après la date de rentrée prévue.

ALLER EN AVION

Toutes les grandes villes européennes sont reliées quotidiennement à Barcelone. En France, Paris, Lyon, Marseille, Nice, Bâle-Mulhouse, Bordeaux et Toulouse bénéficient de liaisons régulières ; Lille, Montpellier, Nantes, Rennes et Strasbourg ne sont desservies qu'en saison.

Compagnies régulières

Air France - ✆ 36 54 (France), 02 620 01 84 (Belgique) ou 0 848 747 100 (Suisse) - www.airfrance.com. 7 vols/j. de Paris-CDG (1h50). Les liaisons entre les aéroports régionaux s'effectuent via Paris-CDG.

Iberia - ✆ 0 825 800 965 (France), 070 700 050 (Belgique) ou 0 848 000 015 (Suisse) - www.iberia.com. Relie les principaux aéroports français avec correspondance à Madrid. De même pour Bruxelles et Genève.

Compagnies low-cost

Air Berlin - ✆ 0 826 967 378 - www.airberlin.com. Vols depuis Bâle, Genève, Paris et Zurich.

Air Europa - ✆ 01 42 65 08 00 - www.aireuropa.com. Liaisons directes avec Paris-CDG.

Brussels Airlines - 0 892 640 030 (France) ou 090 251 600 (Belgique) - www.brusselsairlines.com. Vols de Bruxelles.

Easyjet - ✆ 0 820 420 315 (France) ou 0848 282 828 (Suisse) - www.easyjet.com. Vols de Mulhouse, Bordeaux, Genève, Lyon, Nice et Paris-CDG.

Ryanair - ✆ 0 892 562 150 - www.ryanair.com. Liaisons avec Paris-Beauvais et Bruxelles-Zaventem.

Swiss - ✆ 0 892 232 501 (France) ou 0 848 700 700 (Suisse) - www.swiss.com. Vols de Genève et Zurich.

Transavia - ✆ 0 892 058 888 (France) ou 070 660 305 (Belgique) - www.transavia.com. Dessert Barcelone au départ de Paris-Orly.

Vueling - ✆ 01 84 88 69 48 (France), 02 808 78 12 (Belgique) ou 0 900 000 370 (Suisse) - www.vueling.com. Relie Bâle, Bordeaux, Brest, Bruxelles, Genève, Lille, Luxembourg, Lyon, Marseille, Nantes, Nice, Paris-Orly, Rennes et Toulouse.

EN TRAIN

Une ligne à grande vitesse relie Paris-Gare de Lyon à Barcelone-Sants en 6h19 (4/j.). Train quotidien de Toulouse (3h12), Marseille (4h45) et Lyon (5h06), desservant 11 villes françaises.

SNCF - ✆ 36 35 - www.voyages-sncf.com ou www.renfe-sncf.com.

EN VOITURE

À déconseiller! Le cas échéant, trouvez vite un parking (de préférence surveillé) et poursuivez en métro. Places disponibles signalées par un panneau lumineux « Libre ». Tarifs très variables, mais toujours moins élevés qu'une session à la fourrière!

SAISONS ET CLIMAT

Printemps – Le temps est variable mais généralement ensoleillé; avril et début mai constituent la période idéale pour séjourner à Barcelone.
Été – Souvent très chaud et parfois très lourd... lorsque l'orage menace.
Automne – Journées parfois pluvieuses, avec des orages violents et des risques de pluies diluviennes.
Hiver – Une saison assez agréable question température, mais qui peut être parfois pluvieuse.

OFFICES DE TOURISME

Avant de partir

France – www.spain.info.
Belgique – 97 r. Royale - 1000 Bruxelles - ✆ 02 280 19 26/29.
Suisse – Seefeldstrasse, 19 - 8008 Zurich - ✆ 4 42 53 60 50.

Sur place

Offices du tourisme de Barcelone - ✆ 932 853 834 - www.barcelonaturisme.com (en catalan, espagnol, anglais et français) - fermés le 1er janv. et le 25 déc.
Aeroport del Prat – Terminaux 1 et 2 - tlj 8h30-20h30.
Estació de Sants – Pl. dels Països Catalans (hall de la gare) - tlj 8h-20h.
Catalunya – Pl. de Catalunya, 17 (en sous-sol, côté Corte Inglés) - 8h30-21h. Le plus complet, souvent pris d'assaut. Évitez les heures de pointe.
Sant Jaume – C/de la Ciutat, 2 - lun.-vend. 8h30-20h, sam. 9h-20h, dim. et j. fériés 9h-15h.
Catedral – Pl. Nova, 5 - lun.-sam. 9h-19h, dim. et j. fériés 9h-15h.
Rambla-Passatge Amadeu Bagués – Rambla de les Flors, 88 - tlj 9h-21h.
Rambla Liceu – La Rambla, 51-59 - tlj 9h-18h30.
Glòries – Pl. de les Glòries Catalanes, s/n - lun., merc., vend.-sam. 10h-17h.
Cabines d'informations – Pl. de Catalunya, Pl. d'Espanya, Pl. de la Sagrada Familia, Estació del Nord, Mirador de Colom et autres lieux d'affluence.
Oficina de turisme de Catalunya – Palau Robert, pg. de Gràcia, 107 - ✆ 932 388 091 - www.catalunya.com - lun.-sam. 10h-20h, dim. et j. fériés 10h-14h30. Pour vos escapades en dehors de la ville.

Autres sites Internet

www.bcn.cat (en catalan, espagnol et anglais) – Site de la municipalité de Barcelone. Nombreuses informations pratiques.
www.gencat.cat (en catalan, espagnol et anglais) et **www.catalunyaexperience.fr** (en français) – Sites de la Généralité de Catalogne.
www.barcelona-on-line.es – Abondante source d'information et liens avec d'autres pages (en catalan, espagnol et anglais).

Votre séjour de A à Z

ARGENT

Payer – Moins utilisées qu'en France, les cartes bancaires internationales sont acceptées dans la plupart des commerces, restaurants (d'un certain niveau) et hôtels, plus rarement dans les pensions et *hostales*.
Retirer de l'argent – Nombreux distributeurs automatiques en centre-ville et dans les zones touristiques.
Changer – Pour les visiteurs ne provenant pas de la zone euro, changez de préférence dans les banques, même si les bureaux de change abondent aux abords des principaux sites touristiques.

CONSULATS

France – Ronda Universitat 22bis (4e) - ✆ 932 703 000 ou 699 300 749 (urgences) - www.consulfrance-barcelone.org - lun.-vend. 9h-13h.
Belgique – Gran Vía de les Corts Catalanes, 680, (àtic 2) - ✆ 934 677 080 ou 609 661 000 (urgence) - www.spain.diplomatie.belgium.be - sur RV.
Suisse – Edificios Trade - Gran Via de Carlos III, 94 (7e) - ✆ 934 090 650 - www.eda.admin.ch - lun.-vend. 9h-12h30.
Canada – Pl. de Catalunya, 9 (1er, 2a) - ✆ 932 703 614 - www.canadainternational.gc.ca - lun.-vend. 9h-12h30.

ÉLECTRICITÉ

Voltage en 220 volts et prises à deux fiches rondes, comme en France.

HORAIRES

Banques et administrations – Lun.-sam. de 8h30-9h à 14h.
Magasins – En principe, de 10h à 20h30 ou 21h. Certains (hors zones touristiques) ferment entre 14h et 17h.
Marchés – Tlj jusqu'à 15h. Celui de la Boqueria est ouvert toute la journée, mais ferme le dim. (*p. 110*).
Musées et monuments – La plupart ouvrent entre 9h-10h et 18h-20h (en été). Certains observent une pause entre 14h et 17h et nombre d'entre eux sont fermés le lundi. Ils sont en général fermés les 1er et 6 janv., Vendredi saint, 1er Mai et 25-26 déc.
Restaurants – Déjeuner servi entre 13h-14h et 16h ; pour le dîner, inutile de vous présenter avant 20h30 ou 21h.

Pas de panique !

Urgences diverses – ✆ 112
Urgences médicales – ✆ 061
Pharmacies de garde – ✆ 098 - www.farmaguia.net
Police nationale – ✆ 091
Objets perdus – ✆ 010
Perte de cartes bancaires :
Amex : ✆ +33 (0)1 47 77 72 00
Visa : ✆ 900 991 124
Master Card : ✆ 900 971 231

INTERNET

La plupart des hôtels, ainsi que de nombreux bars et restaurants offrent un accès Wifi gratuit à leurs clients. Vous trouverez aussi bon nombre de cafés Internet et téléboutiques à Barcelone, notamment dans le Raval (rues Sant Pau et Nou de la Rambla).

JOURS FÉRIÉS

1er janvier - Nouvel an *(Cap d'Any)*
6 janvier - Épiphanie *(Reis)*
Vendredi saint *(Divendres Sant)*
Lundi de Pâques *(Pascua Florida)*
1er Mai - Fête du Travail *(Festa del Treball)*
24 juin - Saint-Jean *(Sant Joan)*
15 août - Fête de l'Assomption *(Mare de Déu d'Agost)*
11 septembre - Fête nationale de la Catalogne *(Diada)*
24 septembre – Fête de la Mercè
12 octobre - Fête nationale *(Festa de l'Hispanitat)*
1er novembre - Fête de la Toussaint *(Tots Sants)*
6 décembre - Fête de la Constitution *(Dia de la Constitució)*
8 décembre – Immaculée Conception.
25-26 décembre - Noël *(Nadal)* et *St-Étienne (Sant Esteve)*

LANGUE

Le castillan a à peu près disparu des signalisations officielles au bénéfice du catalan. Mais la plupart de vos interlocuteurs parlent l'espagnol et le font volontiers face à des visiteurs étrangers. Vous les flatterez toutefois en utilisant un peu de catalan... (*lexique sur rabat de couverture*).

PARKING

Le parking sur la rue est rare et très réglementé à Barcelone (bande blanche gratuit, bande bleue payant et limité à 2h, bande verte réservée aux résidents) et les services de fourrière sont particulièrement actifs et rapides (180 € au moindre retard). Les parkings couverts sont vite complets et il faut compter environ 3 €/h de stationnement et un minimum de 15 €/j. Pour localiser les parkings et/ou réserver, consultez www.parkopedia.es, www.parclick.fr ou www.parkapp.fr.

PLAGES

***Plan* p. 68-69**
Depuis 1992, 9 plages de sable ont été aménagées de part et d'autre du Port Olímpic. Accessibles en métro, surveillées et équipées en saison, elles sont l'un des atouts de Barcelone.
Platja de Sant Sebastià – *Barceloneta*. Touristique et bondée.
Platja de Sant Miquel – *Barceloneta*. L'une des plus anciennes et des plus fréquentées de Barcelone.
Platja de la Barceloneta – *Barceloneta*. Jeune et touristique.
Platja de Somorrostro – *Ciutadella*. Zone de gymnastique et volley-plage.
Platja de la Nova Icària – *Ciutadella*. L'une des plus prisées, des sportifs comme des familles.
Platja del Bogatell – *Poblenou/Llacuna*. Petite plage assez calme, fréquentée par les gens du quartier.

La plage de la Barceloneta.

Platja de la Mar Bella – *Selva de Mar.* Avec une petite zone nudiste.
Platja de la Nova Mar Bella – *Selva de Mar/Besòs Mar.* Appréciée pour sa palette de sports nautiques.
Platja de Llevant – *Selva de Mar.* La plus éloignée et la moins fréquentée.

POSTE

Boîtes aux lettres et bureaux de poste (*correus*) un peu partout en ville. Les **timbres** (*sellos* ou *sagelles* en catalan) sont également vendus dans les bureaux de tabac *(estancos)*.
Poste centrale *(Correus i Telegrafs)* – Pl. d'Antoni López (au bas de la via Laietana) - lun.-vend. 8h30-21h30, sam. 8h-14h.

POURBOIRE

Il est d'usage de laisser quelques pièces au café, au restaurant ou dans le taxi.

PRESSE

Vous trouverez la presse française dans la plupart des kiosques à journaux des Ramblas.
Pour le programme des animations culturelles, consultez les hebdomadaires **Guía del Ocio** (www.guiadelocio.com) et **Time Out** (www.timeout.es) ou la rubrique *Cartelera* des quotidiens locaux (*La Vanguardia* en castillan, *Avui* en catalan) ou nationaux (*El País*, *El Mundo*, *ABC*). Un mensuel gratuit,

La Butxaca (www.butxaca.com), propose aussi une programmation jour par jour des concerts et spectacles.

RESTAURATION

Se nourrir à Barcelone n'est jamais un problème, malgré les horaires quelque peu décalés. Les bars à tapas sont là pour vous permettre d'attendre sans crier famine… On distingue les *tapas*, les *raciones*, un peu plus conséquentes, et les *pintxos* (prononcez *pintchos*) d'origine basque, véritables plats miniatures. Pour faire passer tout ça, prenez un verre de *cava* (le champagne local). Les étrangers étant parfois peu à l'aise dans cette ambiance où il faut rester debout, plusieurs chaînes se sont mises à leur portée en permettant de choisir ses tapas sur carte et d'être servis à table. **Tapa Tapa** et **Taller de Tapas** possèdent ainsi plusieurs succursales.

Petits-déjeuners

Souvent médiocres dans les hôtels. Vous pourrez aller dans les *granjas*, spécialisées en produits laitiers, de la carrer Petritxol, près de la plaça del Pi.

Sur le pouce

Vous pourrez vous procurer un sandwich *(entrepa)* et le délicieux *pa amb tomàquet* (tranche de pain imbibée de tomate). Pensez aussi aux marchés de la Boqueria et de Santa Caterina. Dans les pâtisseries goûtez aux *carquinyolis* (croquants aux amandes).

Au restaurant

Vous n'aurez que l'embarras du choix (*notre sélection p. 94)*, les traditions gastronomiques du monde entier s'étant donné rendez-vous dans la capitale catalane. Tâchez de privilégier la cuisine locale dont les catalans sont fiers à juste titre (*Gastronomie p. 149*).

SÉCURITÉ

Pas de problèmes en général, hormis les nombreux pickpockets qui exercent leurs talents là où il y a foule, sur les Ramblas en particulier. Notez que le **quartier du Raval**, tout autour du marché de la Boqueria, est diversement fréquenté une fois la nuit tombée. Le marché lui-même abrite, aux heures nocturnes, des activités qui n'ont qu'un lointain rapport avec son affectation habituelle. Prudence surtout pour les femmes seules.

TABAC

Les cigarettes sont moins chères qu'en France : comptez environ 5 € pour un paquet de blondes. Vous les trouverez dans les *estancs* (bureaux de tabac) et les kiosques à journaux. Une loi interdit désormais de fumer dans tous les lieux publics, bars, restaurants, gares et aéroports compris. L'interdiction est valable pour les cigarettes électroniques.

TAXIS

Reconnaissables à leurs couleurs jaune et noir, les taxis constituent un

moyen pratique pour circuler. Les véhicules libres se distinguent par une lumière verte sur le toit. Le soir, vous pouvez aisément changer de quartier pour 8 à 10 €. La prise en charge coûte 2,10 €.
Radio Taxi 033 - ✆ 933 033 033 - www.radiotaxi033.com.
Radio Taxi Barcelona - ✆ 902 222 111 - www.radiotaxibarcelona.com.
Cooperativa Radio Taxi - ✆ 932 250 000 - www.radiotaxibcn.cat.

TÉLÉPHONE

De l'étranger

Pour joindre un correspondant à Barcelone, composez le 00 34, suivi des neuf chiffres de son numéro.

De Barcelone

Vers la **France** - ✆ 00 33 + le numéro du correspondant sans le 0 initial.
Vers la **Belgique** - ✆ 00 32 + n° de la zone sans le 0 + n° du correspondant.
Vers le **Luxembourg** - ✆ 00 352 + n° de la zone sans le 0 + n° du correspondant.
Vers la **Suisse** - ✆ 00 41 + n° de la zone sans le 0 + n° du correspondant.
Vers le **Luxembourg** - ✆ 00 352.
Vers le **Canada** - ✆ 00 1 + n° de la province + n° du correspondant.

Locutoris et forfaits mobiles

Évitez d'appeler de votre hôtel et rendez-vous plutôt dans un **locutori** (téléboutique). Pensez surtout à vérifier les conditions de votre **forfait mobile** à l'étranger (communications incluses ou non) ou achetez une carte sim locale.

TRANSPORTS EN COMMUN

Plan des transports en commun, à l'intérieur de la couverture.
Transports Metropolitans de Barcelona - www.tmb. cat. C'est le moyen privilégié pour se déplacer dans une ville où les distances peuvent être grandes. Le métro, les trains de la Generalitat de Catalunya (FGC) et l'autobus permettent de rallier n'importe quel point de Barcelone.

Titres de transport

Les tickets sont vendus dans les stations de métro, aux guichets ou à des distributeurs automatiques (paiement en pièces, billets ou cartes de crédit).
Bitllet senzill - Valable pour un trajet unique avec correspondance (2,15 €), mais uniquement pour le métro ou le bus (le bitllet senzill d'autobús s'achète dans le véhicule).
T-Dia - Valable une journée pour un nombre de voyages illimité (8,40 € pour 1 zone).
Si vous séjournez plusieurs jours, vous aurez intérêt à vous procurer des **cartes** *(targetes)* valables pour tous les transports urbains :
T-10 - Non nominative, elle vous donne droit à dix voyages, chacun limité à 1h15 (9,95 € pour 1 zone).
Abonnements Hola BCN! - Cartes valables 2 j. (14,50 €), 3 j. (21,20 €), 4 j. (27,50 €) ou 5 j. (33,70 €).
Barcelona Card - Les transports sont gratuits pendant la durée de validité de la carte (*p. 131*).
Attention, les billets multivoyages ont une fâcheuse tendance à se démagnétiser.

Métro

Le réseau compte huit lignes repérables à leur code couleur (*plan des transports en commun*). Les stations sont repérées sur les plans de ce guide par le symbole.
Horaires : dim.-jeu. 5h-0h, vend.-sam. 5h-2h. Fréquence de 5 à 9mn.

Autobus

Réseau important de lignes (plan disponible à l'office de tourisme). Quelques lignes utiles : la 25 relie l'hôpital de la Santa Creu et la Sagrada Familia au park Güell ; la 24 assure la liaison entre le park Güell et le passeig de Gràcia ; la ligne H16 (Paral·lel - Fòrum) longe la façade maritime.
Horaires : tlj 4h25-23h ; quelques lignes de nuit (Nit Bus, marqués d'un « N ») entre 22h et 5h, pour la plupart à partir de la plaça de Catalunya.

Tramway

Il compte six lignes : **T1, T2, T3** au départ de Francesc Macià jusqu'à Bon Viatge, Sant Martí de l'Em et Consell Comarcal ; la **T4** relie Estació de Sant Adrià à Ciutadella i Vila Olímpica ; la **T5** relie Glories à Gorg et la **T6** l'Estació de Sant Adrià à Glòries.
Le **Tramvia blau** dessert le Tibidabo.
Horaires : dim.-jeu. 5h-0h, vend.-sam. 5h-2h.

Funiculaires

Montjuïc – De la station de métro Paral.lel au parc de Montjuïc.
Tibidabo – À partir de la plaça del Funicular.
Vallvidriera – À partir de Peu del Funicular/Vallvidriera Superior.
Les cartes de transport sont valables pour ces trois funiculaires.
Il faut y ajouter le **téléphérique de Montjuïc** qui dessert trois stations (Castell, Mirador, parc de Montjuïc) et le **Transbordador Aeri del Port**, télécabine qui conduit à 70 m de hauteur, de la torre de Sant Sebastiá (La Barceloneta) à Montjuïc.

Trains

Ferrocarrils de la Generalitat de Catalunya (FGC) – 932 051 515 - www.fgc.cat. Ils relient la plaça d'Espanya aux villes de l'ouest de Barcelone. Autres départs de la plaça de Catalunya pour Sant Cugat del Vallès et Terrassa. Trois lignes urbaines (L6, L7, L8), la deuxième desservant l'av. del Tibidabo.

VÉLO

180 km de pistes cyclables, voilà qui permet de circuler sans trop de danger. Prudence toutefois.
Bicing – Ces vélos en libre-service ne sont pas prévus pour les visiteurs occasionnels, aussi vaut-il mieux s'adresser à un loueur traditionnel.
Rent a Bike – C/Tallers, 45 et C/Jovellanos, 1 (près de pl. Catalunya) ; Passeig de Lluís Companys, 23 (près de l'Arc de Triomf) ; Passeig Joan de Borbó, 35 (Port Vell) - www.barcelonarentabike.com - tlj 9h30-10h à 20h - 6 €/2h, 15 €/24h, 25 €/48h. Différents modèles adaptés à l'âge. Propose aussi des vélos électriques.
Barcelone à vélo – Pl. de Sant Jaume (à l'angle de la C/Ciutat) - www.barcelonavelo.com - réserv. : info@barcelonavelo.com - circuit de 3h/4h : 24/40 € par pers. (14-18 ans 20 €,

-14 ans 15 €). Balades thématiques et originales à travers la ville.

VISITES

Les entrées des musées et des maisons modernistes sont chères. En fonction de vos visites, comparez les avantages des différentes cartes de réduction, en vente dans les offices de tourisme.

Barcelona Card – www.barcelonacard.org - valable 3 j. (45 €), 4 j. (55 €) ou 5 j. (60 €). Accès gratuit et illimité aux transports en commun (aéroport compris) et aux grands musées (Museu Picasso, Fundació Joan Miró, MNAC,...).

La Ruta del Modernisme – www.rutadelmodernisme.com. Petit guide accompagné d'un itinéraire des monuments modernistes. Il propose des coupons de réduction de 10 à 50% selon les édifices (La Casa Milà, et Casa Batlló en font partie). Tarif : 12 € ; + 5 € pour les accompagnateurs (-18 ans gratuit). Validité : un an.

Articket BCN – www.articketbcn.org - 30 € (valable 6 mois). Accès gratuit aux 6 musées majeurs : le Museu National d'Art de Catalunya, la Fundació Joan Miró, la Fundació Antoni Tàpies, le Centre de Cultura Contemporània de Barcelona, le Museu d'Art Contemporàni de Barcelona et le Museu Picasso.

Arqueoticket – www.bcnshop.cat - 14,50 € (valable un an). Accès gratuit aux 5 musées possédant un fonds archéologique : Museu d'Arqueològia de Catalunya, le Museu Egipci, le Museu de Història de Barcelona (MUHBA) et El Born Centre de Cultura i Memòria.

VISITES GUIDÉES

Barcelona Bus Turístic – www.barcelonabusturistic.cat - tlj de 9h-9h30 à 19h (20h en été) - ttes les 5 à 25mn selon la saison - billet 1 j. (29 €, 4-12 ans 16 €) ou 2 j. consécutifs (39 €, 4-12 ans 20 €). Ce bus touristique (avec audioguides en 16 langues) est une manière commode de découvrir la cité en passant de l'une à l'autre des trois lignes, rouge, bleue et verte (45 arrêts dont 5 points de correspondance). La **ligne rouge** (2h) dessert depuis la plaça de Catalunya, la Ribera et le Barri Gòtic, le Port Vell, la colline de Montjuïc et le passeig de Gràcia ; la **ligne bleue** (2h) conduit à Pedralbes, au départ du Tramvia Blau (pour le Tibidabo), au park Güell et à la Sagrada Familia ; la **ligne verte** (40mn) dessert la Vila Olímpica, le Fòrum (Museu Blau) et Poblenou.

Barnabé Guide – ✆ 625 532 212 - www.barnabe-guide.com. Vincent Dugied est architecte et propose en français des découvertes passionnantes du patrimoine architectural de la ville.

Barcelona Street Style Tour – www.barcelonastreetstyletour.com. Circuits de découverte (en français, espagnol et catalan) du graffiti et de l'art à ciel ouvert dans El Born-Barri Gòtic (dép. tlj à 14h de l'Arc de Triomf) et El Raval (dép. tlj à 16h45 devant le MACBA). Visites gratuites (donation bienvenue). Également un circuit à vélo dans les rues de Poblenou (sur réservation).

Agenda culturel 2018

Le site de l'office de tourisme (www.barcelonaturisme.com) est une mine de renseignements, tant en ce qui concerne les festivités que les expositions qui rythment la vie culturelle de la cité. Pour les événements culturels, vous pouvez également consulter le site www.bcn.es (en catalan et en castillan) tenu par l'Institut de Cultura de la ville.

RENDEZ-VOUS ANNUELS

Janvier

▶**Cavalcada de Reis** – (le 5) Fête des Rois mages qui arrivent par bateau avant de défiler dans les rues.

Février

▶**Carnaval** – Le carnaval dure une semaine et prend fin avec « l'enterrement de la sardine », le mercredi des Cendres.

Avril

▶**Dia de Sant Jordi** – (le 23) Fête de saint Georges, patron de la Catalogne. C'est le **« Dia del Llibre i de la Rosa »** (Jour du livre et de la rose) qui voit traditionnellement les hommes offrir une rose aux femmes qui, en retour, leur offrent un livre : la plupart des librairies de la ville en profitent pour faire des animations spéciales (dédicaces, colloques, etc.).

Mai

▶**Fira de Sant Ponç** – (à partir du 11 mai) Vente de plantes aromatiques et médicinales.

Mai-juin

▶**L'Ou com balla** – (autour de la Fête-Dieu, 60 j. apr. Pâques) Du jeudi au dimanche suivant, « Comment l'œuf danse » est une très ancienne tradition qui fait danser un œuf sur l'eau qui jaillit des fontaines.

Juin

▶**Revetlla (veillée) de Sant Joan** – (nuit du 23 au 24) Feux d'artifice et autres festivités que l'on suit sur les plages en dégustant la *coca* (c'est un gâteau!) et en buvant du *cava*.

Août

▶**Festa major de Gràcia** – (6 j. autour du 15 août) Fête de quartier à ne manquer sous aucun prétexte, pour son ambiance, comme pour les décors parfois délirants de ses rues.

Septembre

▶**Diada** – (le 11) Fête « nationale » catalane commémorant deux épisodes douloureux : la chute de Barcelone en 1714, devant l'armée des Bourbons, et l'abolition des institutions catalanes deux ans plus tard. Manifestations patriotiques et musicales.

▶**Festes de la Mercè** – (autour du 24) Tous les géants et grosses têtes de Catalogne se retrouvent avec les *correfocs* (dragons crachant le feu) pour défiler dans les rues. Concerts, sardanes et concours de *castellers*.

Décembre

▶**Fira de Santa Llúcia** – (du 1er au 23) Marché de Noël sur la place de la Cathédrale.

FESTIVALS ET SALONS

Février - juin

▶**Guitar Festival BCN** – (de fin janv. à la mi-juin). Concerts au Palau de la Música Catalana et en d'autres lieux. www.guitarbcn.com.

Mars-avril

▶**Saló del Còmic** – (fin mars-déb. avr.) Salon international de la bande-dessinée, célébré à la Fira de Barcelone. www.ficomic.com.

Mai

▶**Primavera Sound** – (du 30 mai au 3 juin) Grand festival de musique pop rock, au Parc del Fòrum. www.primaverasound.com.

▶**Festival Ciutat Flamenco** – (10 j. pendant la 2e quinz. de mai). Il réunit les meilleurs *cantaores* et guitaristes de la nouvelle génération dans le Mercat de les Flors, au Palau de la Música et en divers lieux de la ville. www. ciutatflamenco.com.

Juin

▶**Sonar** – (14, 15, 16 juin) Festival de musique électro. Une référence du genre. www. sonar.es.

Juillet

▶**Grec Festival** – Théâtre, danse, musique et cirque pendant tout le mois, sur plusieurs scènes, parmi lesquelles le Teatre Grec de Montjuïc. www.grec.bcn.cat.

Octobre-Décembre

▶**Voll-Damm Festival Internacional de Jazz** – (jusqu'à début déc.) Grands maîtres internationaux du jazz (en particulier du free) perpétuant la tradition jazzistique de la Catalogne, jadis illustrée notamment par le saxophoniste Tete Montoliu. www.jazz.barcelona.

EXPOSITIONS TEMPORAIRES

Vous pourrez assister à des expositions d'art moderne ou contemporain au **MACBA**, le musée d'Art contemporain de Barcelone (*p. 37*), qui présente des rétrospectives d'artistes espagnols ou internationaux (Poesia Brossa – 21 sept. 2017 - 25 fév. 2018).
Autres lieux d'expositions d'art : la **Fundació Joan Miró** (*p. 79*), qui présente de jeunes artistes ; le **Museu Picasso** (1917. Picasso à Barcelone – 26 oct. 2017 - 28 janv. 2018) (*p. 32*), qui organise naturellement des événements autour de thèmes picassiens ; et **CaixaForum**, qui programme d'excellentes expos (*p. 74*).
Signalons aussi les remarquables présentations du **Museu nacional d'Art de Catalunya** (Gala Dalí – 7 juil. 2018 - 14 oct. 2018) (*p. 76*), très diverses : photographie, sculpture, rétrospectives, thèmes historiques.
Programmes sur les sites des musées, sur celui de l'Institut culturel barcelonais (ww.bcn.es) et dans la *Guía del Ocio*.

MCMIX

Pour en savoir plus

Façade du Palais de la Musique.

A. StrauB/age fotostock/© Jean Nouvel & b 720 - Fermin Vazquez

Les dates clés

237 av. J.-C. – Fondation de Barcino par les Carthaginois sur un site occupé par les Ibères.
1er s. av. J.-C. – Les Romains font de Barcino un important comptoir commercial.
713 – Conquête du site par les Arabes.
801 – Louis le Pieux, fils de Charlemagne, libère Barcelone et en fait la capitale de la Marche d'Espagne, sorte d'État tampon destiné à empêcher la progression des Arabes vers le Nord.
874-894 – **Guifré el Pelós (Wilfred le Velu)**, comte de Barcelone, obtient l'indépendance et le droit de transmettre le comté à ses enfants.

985 – Pillage de la cité par le calife de Cordoue, Al Mansour.
12e-13e s. – Prospérité maritime et commerciale.
1150 – Après avoir unifié les comtés catalans sous sa houlette, le comte **Ramón Berenguer IV** épouse Pétronille d'Aragon : leur fils **Alfons Ier** devient roi d'Aragon, tout en restant comte de Barcelone.
1213 – La mort de **Pere II** à la bataille de Muret, face à Simon de Montfort, marque la fin des ambitions catalanes en Languedoc.
1229-1242 – Apogée territoriale du **royaume d'Aragon** qui s'empare de la Sicile, de Naples, de la Sardaigne, de Majorque et du Pays valencien.
1410 – À la mort du roi **Martí**, dernier descendant du Velu, les Corts catalanes désignent un prince castillan roi d'Aragon.
1469 – Le mariage du roi **Ferran** (Fernando) avec Isabel de Castille marque l'union des deux royaumes : le centre du pouvoir est désormais en Castille. La découverte de l'Amérique (1492), déplaçant les activités commerciales vers l'Atlantique, et l'expulsion des Juifs accentuent le déclin barcelonais.
1640-1652 – Révolte des *Segadors* (Moissonneurs). La Catalogne se proclame indépendante. S'achève avec le siège de Barcelone.
1714 – Barcelone a pris le parti des Habsbourg dans la **guerre de Succession d'Espagne** et continue à résister après la victoire du Bourbon, Philippe d'Anjou. Devenu **Felipe V**, celui-ci assiège la ville, qui ne se rend que le 11 septembre, après seize mois de résistance. Cette défaite entraîne l'abolition de la Generalitat et du Consell dels Cent et l'interdiction de l'usage officiel du catalan.
1778 – Levée de l'interdiction de commercer avec l'Amérique : début d'un nouvel essor économique.

La bourgeoisie de la ville obtient le droit de s'administrer de façon autonome sous le règne de ***Jaume I*** *(1213-1276) : à partir de 1274, le* ***Consell dels Cent*** *désigne les cinq conseillers formant l'exécutif de la ville. En 1283, les* ***Corts Catalanes,*** *qui regroupent noblesse, clergé et bourgeoisie d'affaires, se réunissent pour la première fois ; devenu de plus en plus puissant, ce contrepoids au pouvoir royal dispose d'un organe permanent, la* ***Generalitat.***

1808-1812 – Occupation par les armées napoléoniennes.
1833 – *La Pàtria*, un poème de **Bonaventura Carles Aribau**, symbolise le début de la **Renaixença** (politique et culturelle) catalane.
1842 – La ville se soulève contre la politique du régent **Espartero**. Bombardement et sévère répression.
1854 – Démantèlement des remparts : Barcelone annexe des communes périphériques ; l'ingénieur **Ildefons Cerdà** dessine, quinze ans plus tard, le plan rationnel de l'**Eixample**.
1883 – **Antoni Gaudí** prend en charge la construction de la Sagrada Família.
1888 – L'Exposition universelle au parc de la Ciutadella marque le triomphe du **modernisme**.
1909 - La guerre du Maroc entraîne une insurrection accompagnée de pillage d'églises et de couvents, puis durement réprimée : c'est la **Semaine tragique**, conclue par l'exécution du pédagogue anarchiste **Francesc Ferrer**. Séduits par l'anarchisme, nombre d'ouvriers vont fonder en 1911 la CNT, syndicat anarcho-syndicaliste.
1923 – Le coup d'État du général **Primo de Rivera** s'accompagne d'une répression du catalanisme.
1929 – Exposition universelle au pied de Montjuïc, marquée notamment par l'aménagement du **Poble Espanyol** et l'inauguration du métro.
1931 – Proclamation le 14 avril, par **Francesc Macià**, de la première République catalane qui va devenir la **Generalitat**.
1939 – Les troupes franquistes entrent fin janvier à Barcelone ; la Generalitat est supprimée et son président, **Lluís Companys**, extradé de France, est fusillé à Montjuïc en octobre 1940. Le franquisme interdit l'usage du catalan et réprime toute autonomie culturelle.
1977 – Retour du président de la Generalitat en exil, **Josep Tarradellas**.
1979 – Promulgation du statut d'autonomie de la Catalogne.
1992 – Les **Jeux olympiques** s'accompagnent de la reconquête de la façade maritime et de la création de musées.
2006 – Nouveau statut d'autonomie approuvé par référendum.
2009 – Le **Barça** réussit un triplé historique : vainqueur de la Liga (championnat d'Espagne), de la coupe du Roi et de la Champion's League.
2013 – Le 11 septembre (jour de la Diada) une chaîne humaine traverse la Catalogne en faveur de l'indépendance.
2014 – Le roi Juan Carlos Ier abdique le 18 juin. Le prince Felipe est proclamé roi et devient Felipe VI, le 19 juin. En novembre, lors d'un référendum non reconnu par Madrid, plus de 80 % des Catalans votent pour l'indépendance, avec un taux de participation de 33 %.
2015 – L'« indignée » militante Ada Colau est élue maire de Barcelone. Les indépendantistes obtiennent la majorité absolue au Parlement catalan.
2016 – L'indépendantiste Carles Puigdemont devient président de la Generalitat.
2017 – Projet d'un référendum pour l'autodétermination à l'automne.

Barcelone et la Catalogne

BARCELONE, CAPITALE

Une capitale ? Certes, la Catalogne n'est pas un État, même si elle se revendique comme nation : « Nous avons une langue, une tradition juridique et une gastronomie, nous sommes donc une nation », si l'on en croit une boutade que les Barcelonais aiment à répéter. Quoi qu'il en soit, sa très large autonomie a encore été renforcée par le nouvel **Estatut** voté en 2006. Son dynamisme, son rayonnement (économique et culturel) font de Barcelone une véritable capitale, d'autant qu'elle est le siège du Parlement catalan et du gouvernement de la **Generalitat** qui en émane. La Generalitat dispose depuis 1980 (et plus encore depuis 2006) de larges pouvoirs en matière économique, policière, fiscale et législative. Elle est composée d'un président et de douze ministres, ou *consellers*. Si cela ne suffisait pas à donner une stature internationale à la ville, celle-ci s'enorgueillit d'avoir été choisie comme siège de l'Union pour la Méditerranée.

L'échiquier politique comprend des partis clairement « catalanistes », ouvertement partisans de l'indépendance : en 2015, six partis et groupes culturels s'allient pour former une coalition indépendantiste transpartisane, Junts pel Sí (Ensemble pour le oui), rassemblant notamment sous sa bannière le parti de la Gauche républicaine indépendantiste (ERC), la droite nationaliste (CDC) et la CUP (Candidatura d'Unitat Popular), parti nationaliste d'extrême gauche.

Vers une crise institutionnelle ?

Le nouvel **Estatut**, approuvé en 2006 par le Parlement catalan et confirmé par un référendum régional, portait déjà en lui les germes d'une crise institutionnelle : 14 de ses articles (dont l'emploi du terme de « nation catalane » et l'imposition du catalan comme « langue préférentielle ») ainsi que diverses dispositions d'ordre fiscal ont été jugés contraires à la Constitution espagnole par le tribunal constitutionnel, ce qui a entraîné de fortes protestations en Catalogne.

En 2013, le président de la Generalitat propose d'organiser un **référendum sur l'indépendance de la Catalogne**. Bien que déclarée illégale par le gouvernement espagnol, la consultation se tient en novembre 2014. Plus de 80 % des votants se prononcent en faveur de l'indépendance, mais avec un taux de participation s'élevant à 33 %.

Aux élections régionales de septembre 2015, la coalition indépendantiste Junts pel Sí remporte la majorité des sièges. L'indépendantiste et maire de Gérone, **Carles Puigdemont**, devient président de la Generalitat, en janvier 2016, après s'être engagé à mener à son terme le processus d'indépendance. Il devait convoquer un référendum pour l'autodétermination à l'automne 2017.

LA POPULATION

La population de la capitale catalane compte 1,6 million d'habitants en 2017, au sein d'une agglomération qui, elle, s'approche du chiffre de 5 millions d'habitants. Parmi eux, un bon nombre descendent d'Andalous ou de natifs d'Extrémadure venus s'installer en Catalogne dans les années 1960 et 1970 afin de faire tourner les usines. Aujourd'hui, leurs descendants sont bien intégrés, même si la quasi-obligation qui leur est faite d'employer le catalan fait parfois grincer quelques dents.
Mais Barcelone a accueilli ces dernières années un nouveau mouvement migratoire de grande ampleur, avec l'arrivée massive de ressortissants étrangers venus chercher du travail dans le bâtiment, l'hôtellerie ou la restauration. Les Latino-américains fournissent le plus gros du contingent, suivis par les Maghrébins et les Européens de l'Est. Cette présence multiculturelle est particulièrement frappante dans le quartier du Raval, devenu des plus cosmopolites. On estime le nombre de ces non-Catalans à plus d'un million. L'ampleur de cette vague migratoire (15,3 % de la population sont des étrangers selon les derniers chiffres officiels de 2013) a obligé le gouvernement catalan à élaborer une politique d'intégration.

RÔLE ÉCONOMIQUE

Avec une agglomération qui concentre plus de 60 % des 7,5 millions de Catalans, le poids économique de Barcelone est considérable. L'économie catalane est depuis un siècle et demi l'une des plus dynamiques d'Espagne, et le niveau de vie dans la capitale catalane est supérieur à la moyenne nationale.
Mais l'**industrie**, qui a permis à la ville son essor fulgurant dans la seconde moitié du 19e s., souffre depuis plusieurs années des délocalisations dues à la mondialisation et des effets prolongés de la crise économique de 2008, même si celle-ci s'est un peu mieux résorbée qu'ailleurs dans le pays. Début 2017, le chômage était d'environ 17 % en Catalogne contre près de 19 % à l'échelle nationale.
Le **tourisme** est devenu une ressource très importante pour la ville. Français et Anglais en tête, les étrangers se pressent sur la Rambla toute l'année...
Enfin, les Barcelonais s'appuient depuis toujours sur le **commerce**, qui reste aujourd'hui le secteur le plus important de l'économie. Depuis le Moyen Âge, les Catalans n'ont eu de cesse d'étendre leur influence, recherchant constamment de nouveaux marchés : au 18e s. dans le Nouveau Monde jusqu'à nos jours, dans l'Union européenne...
Aujourd'hui, la Catalogne représente à elle seule près de 20 % du PIB de l'Espagne, mais c'est aussi la deuxième région la plus endettée du pays et la quatrième en PIB par habitant, ce qui nourrit les arguments économiques des indépendantistes. Reste qu'avec 70 % de ses exportations à destination de l'Union européenne et son ouverture aux étrangers, Barcelone rayonne bien au-delà de l'Espagne.

Art et architecture

ROMAINS ET WISIGOTHS

Les Romains ont laissé quelques vestiges de leur présence à Barcelone : quelques traces de murailles du 4e s. *(p. 27)*, la façade d'un temple dédié à Auguste et, surtout, les vestiges de la cité antique retrouvés sous la plaça del Rei et visibles au **Museu d'Història de Barcelona** *(p. 25)* à côté d'une basilique d'époque wisigothique. L'art wisigothique, caractérisé par l'arc en fer à cheval et les bas-reliefs gravés de motifs géométriques et de compositions mêlant cercles et étoiles, a aussi laissé des traces sur quelques églises comme **Sant Pau del Camp** *(p. 44)*.

SPLENDEURS ROMANES

L'art roman catalan apparaît au 11e s. au moment de la formation du pays. Il est à juste titre réputé. Cependant la Barcelone d'aujourd'hui conserve peu d'exemples d'architecture romane, les principaux sanctuaires ayant été rebâtis à l'époque gothique. Citons toutefois, outre Sant Pau del Camp, le superbe cloître du monastère de **Sant Cugat del Vallès** *(p. 89)*.
Mais si elle garde peu de traces architecturales, Barcelone possède un trésor roman à ne manquer sous aucun prétexte : le **Museu Nacional d'Art de Catalunya** *(p. 76)* où sont exposés d'extraordinaires peintures murales, des devants d'autel et sculptures provenant pour l'essentiel d'églises des Pyrénées (peintures des absides de Sant Climent et de Santa Maria de Taüll, de Boí, d'Àneu, de La Seu d'Urgell, etc.).

L'APOGÉE GOTHIQUE

À Barcelone, l'apparition du gothique coïncide avec l'apogée du royaume d'Aragon, devenu l'une des grandes puissances méditerranéennes. Cette époque voit l'essor d'une bourgeoisie urbaine de plus en plus riche et influente. La fièvre de la construction s'empare de la ville ; on rénove églises et cathédrales et on érige des palais royaux, des maisons seigneuriales, des hôpitaux, des bâtiments publics... De ce fait, Barcelone possède un éblouissant patrimoine gothique, et le centre de la ville, où la majeure partie de ces constructions se sont élevées, a reçu le nom de **Barri Gòtic** (quartier gothique).

L'architecture

Le gothique catalan, proche des modèles du monde méditerranéen, se caractérise par ses formes épurées et son sens des proportions, préférant l'amplitude spatiale à l'élévation. Parmi les édifices religieux, on distinguera bien entendu la cathédrale **Santa Eulàlia** *(p. 16)*, l'église **Santa Maria del Pi** *(p. 41)*, le **monastère de Pedralbes** *(p. 82)*, mais aussi et surtout l'église **Santa Maria del Mar** *(p. 32)*, surnommée

« la cathédrale de la Mer », d'une inégalable harmonie de proportions et d'une parfaite unité en raison de la rapidité insolite avec laquelle le chantier fut mené à bien.
L'architecture civile n'est pas en reste avec le **Palau Reial Major** *(p. 25)*, le **Palau de la Generalitat** *(p. 23)*, sans oublier les **Drassanes** *(p. 62)*.

La peinture

La peinture gothique catalane est marquée par les influences européennes : l'essor du courant italianisant (14e s.), représenté par **Ferrer Bassa**, influencé par l'école de Sienne *(Pedralbes, p. 82)*.
Puis le courant international se caractérise à partir du 15e s. par son graphisme nerveux, quasi calligraphique, et par l'emploi de teintes planes et vibrantes. Il est représenté, entre autres, par **Bernat Martorell**, auteur de la scène des *Noces de Cana* de la cathédrale de Barcelone, **Lluís Dalmau** et **Jaume Huguet**.

L'ÈRE DU DÉCLIN

Les styles Renaissance et baroque se sont développés après le déclin de Barcelone ; la cité a à la fois perdu son rôle de capitale et son hégémonie maritime après la découverte de l'Amérique. On assiste alors au transfert du pouvoir politique au centre de la Péninsule avec l'avènement des Rois Catholiques. Ajoutons à cela que bien des églises édifiées à l'époque ont été endommagées ou détruites lors des troubles anticléricaux du 20e s., et que les constructeurs barcelonais sont restés fidèles au gothique jusqu'au 16e s. Malgré tout se dressent encore certains bâtiments intéressants tels que le palais del Lloctinent, illustrant la transition du gothique à la **Renaissance**, et la façade du palais de la Generalitat, de **Pere Blay**. La peinture à Barcelone est alors dominée par un Portugais, **Pere Nunyes**.
Parmi les œuvres les plus notables de l'architecture **baroque**, citons les façades des églises de Betlem, Sant Sever et de la Mercè, ainsi que le palau de la Virreina.
Au début du 19e s., l'orientalisme voit s'affirmer un peintre, **Mariano Fortuny** (1838-1874), dont les coloris lumineux et la technique épurée ont acquis une célébrité internationale, tandis qu'en architecture le style éclectique ou historiciste se développe.

LE MODERNISME

Dès la seconde moitié du 19e s., la Catalogne connaît un grand essor économique (avec la révolution industrielle), culturel (La **Renaixença**) et artistique avec le **modernisme**, qui s'impose à partir de l'**Exposition universelle de 1888**. Proche d'autres courants européens tels que l'Art nouveau, le Modern Style ou le Jugendstil, le modernisme accorde une importance spéciale aux arts appliqués (mobilier, orfèvrerie, affiches et arts graphiques).
Il développe en outre l'utilisation de matériaux industriels, tout en se présentant comme un art national associé au catalanisme politique.

Trois architectes majeurs incarnent ce courant : le patriarche **Lluís Domènech i Montaner** (1850-1923), auteur entre autres du Palau de la Música Catalana, de la Casa Lleó i Morera et de l'Hospital de Sant Pau ; **Josep Puig i Cadafalch** (1867-1957) à qui l'on doit la Casa Amatller et le siège de CaixaForum, et surtout, **Antoni Gaudí** (1852-1926), dont les chefs-d'œuvre ne se comptent plus (Sagrada Família, Casas Batlló et Milà, Park Güell...). On y joindra **Josep Maria Jujol** (1879-1949), collaborateur de Gaudí, pour ses créations à Sant Joan Despí.
Le modernisme comprend d'autres personnalités très brillantes telles que les peintres **Ramón Casas** (1866-1932) et **Santiago Rusinyol** (1861-1931), tous deux proches de l'impressionnisme. Ils sont suivis d'une deuxième génération avec **Isidre Nonell**, **Joaquim Mir**, **Anglada Camarasa**, sans oublier le jeune **Pablo Picasso**.

La réaction noucentiste

Apparu au début du 20e s., le **noucentisme** propose, en réaction au modernisme, un retour aux sources classiques et méditerranéennes. **Eugeni d'Ors** est l'idéologue de ce mouvement (1911), qu'illustrent entre autres le peintre **Joaquim Sunyer**, le dessinateur **Xavier Nogués**, le fresquiste Josep Obiols. En sculpture, il faut citer **Josep Clarà**, Enric Casanovas et Esteve Monegal, influencés par Maillol (section Art moderne du MNAC *p. 77*).

LES AVANT-GARDES

L'avant-garde est portée en Catalogne par **Joan Miró** (1893-1983) et **Salvador Dalí** (1904-1989). Exposés pour la première fois à Barcelone en 1918 et 1925, ils bénéficient de l'appui de mécènes, comme le marchand Josep Dalmau, qui finance des expositions, ainsi que la revue dadaïste *391*.
L'arrivée au pouvoir de Franco contraint à l'exil de nombreux artistes. L'avant-garde catalane renaît cependant, grâce à un groupe de peintres constitué autour de la revue *Dau al Set* (1948-1954). Cette deuxième vague poursuit son chemin vers l'abstraction. Parmi ses représentants, on compte **Antoni Tàpies**, Cuixart et Brossa. Cette démarche sera poursuivie par **Miquel Barceló** (né en 1957).

Miró, le peintre de Barcelone

Joan Miró (1893-1983), l'une des figures de proue de l'avant-gardisme européen du 20e s., a su créer un langage nouveau, très personnel, fondé sur la spontanéité et la force expressive. C'est en peignant en 1922 La Masía qu'il abandonne la figuration pour le symbolisme. Entre 1939 et 1941, il réalise la série des vingt-trois Constellations, exprimant son horreur de la Seconde Guerre mondiale. Les éléments de ces compositions (la femme, la nuit ou le soleil) deviendront dès lors des éléments constants de son œuvre. Le langage de Miró est une recherche sur les couleurs, souvent primaires, nimbée d'une poésie et d'une pureté qui ont parfois fait associer son nom au monde des enfants.

L'ART CONTEMPORAIN

Le **conceptualisme catalan** revendique l'emploi de nouveaux supports tels que la vidéo, l'installation et la *performance*. Parmi ses représentants : A. Muntadas, F. Torres, R. Llimós, A. Miralda, C. Pujol et F. Abad. Au cours des années 1980, une série de jeunes peintres (F. Amat, F. García Sevilla, Zush, X. Grau) revendique un style **expressionniste** en rapport avec les courants internationaux du moment. Les sculpteurs ne sont pas en reste avec notamment Susana Solano. Le MACBA (*p. 37*) est l'un des lieux emblématiques de ces tendances.

L'architecture

Elle connaît une période brillante dès les années 1960, avec des architectes tels que J. A. Coderch, Oriol Bohigas, Josep Martorell, ou encore le célèbre **Ricardo Bofill** et son Taller de Arquitectura. Mais c'est l'accueil des Jeux olympiques de 1992 qui va donner un coup de fouet à la création architecturale à Barcelone. À cette occasion et depuis lors, divers architectes mondialement reconnus interviennent dans la cité, qu'ils soient catalans (**Enric Miralles**, qui redessine la toiture du marché Santa Catarina), espagnols (**Santiago Calatrava** et sa tour de Télécommunications) ou internationaux (**Richard Meier** avec le MACBA, **Jean Nouvel** et la torre Agbar, **Frank O. Gehry** au Port Olímpic, **Ieoh Ming Pei** avec le World Trade Center). Tout l'horizon de la ville s'en retrouve peu à peu changé, rythmé ici et là de silhouettes éclectiques, à l'image de l'hotel W de Ricardo Bofill, qui se dresse au sud de la Barceloneta. Mais, désormais, le terrain de jeu des architectes se centre sur l'ancien quartier industriel du Poblenou où les usines désaffectées et les anciens entrepôts laissent la place à l'urbanisation repensée et écolo de **22@** (*encadré p. 72*). **Herzog & De Meuron** construisent l'énorme Museu Blau (2004), **Jordi Badia** réhabilite brillamment l'usine Can Framis (2009), **Fermín Vázquez** conçoit la toiture du mercat dels Encants (2013), le cabinet **MBM Arquitectes** réalise le Disseny Hub (2014)...

LE DESIGN

Les arts décoratifs catalans ont des racines historiques profondément ancrées. Au 18e s. fut fondée à Barcelone l'Escola de Nobles Arts destinée à stimuler la fabrication de nouveaux produits. La révolution industrielle s'est accompagnée de l'émergence de nouvelles idées créatives. Ainsi, aux 19e et 20e s., le design n'eut de cesse d'évoluer. Avec la fondation de centres comme l'ADI-FAD (Agrupació de Disseny Industrial, section du Foment des Arts Decoratives) puis le Pôle du design (Dysseny Hub, dans le Poblenou), le concept de design acquit ses lettres de noblesse. Parmi les designers catalans les plus importants, citons André Ricard, Miquel Milà, **Óscar Tusquets** et **Javier Mariscal**.

Les Barcelonais

Nombreux sont les Barcelonais qui se sont illustrés dans différents domaines. Petite nomenclature parfois un peu subjective…

DES PERSONNAGES HISTORIQUES

Outre **Guifré el Pelós** (Wilfred le Velu), premier comte de Barcelone (874-897), il faut citer **Ramón Berenguer IV**, créateur en 1150 de la royauté catalano-aragonaise, et **Jaume I** (1213-1276) qui étend aux Baléares et au royaume de Valence les terres aragonaises…

DES POLITIQUES

Ressuscitée en 1931 après une brève déclaration d'indépendance, la Generalitat a eu pour premier président **Francesc Macià** (1859-1933), fondateur du parti Esquerra Republicana de Catalunya (ERC), et surnommé l'*Avi* (le Grand-Père).
Lluís Companys (1882-1940), qui lui succéda à sa mort, fut quant à lui livré aux franquistes par la Gestapo et fusillé à Montjuïc.
Josep Tarradellas (1899-1988), président du gouvernement en exil, est devenu célèbre pour avoir prononcé la fameuse phrase « *Ja sóc aquí* » (« Me voici ») en 1977 sur la plaça de Sant Jaume lors de son retour d'exil : la Catalogne marchait à nouveau vers l'autonomie.
Jordi Pujol (né en 1930), de droite modérée, mais parfois assez extrême en ce qui concerne les prérogatives catalanes, fut le fondateur du parti Convergencia i Unió et dirigea la région de 1980 à 2003. Son successeur, le socialiste **Pasqual Maragall**, est surtout connu comme le maire de Barcelone (1982-1997) qui fut l'élément moteur de l'organisation des Jeux olympiques de 1992 et de la transformation de la ville. Atteint par la maladie d'Alzheimer, il a cédé sa place en 2006 au socialiste **José Montilla**, d'origine andalouse, évincé du gouvernement après la victoire d'**Artur Mas** (Convergencia i Unió), aux élections de 2010 et 2012. Le successeur de ce dernier à la présidence de la Generalitat depuis 2016 est **Carles Puigdemont**. À la mairie de Barcelone de 2011 à 2015, **Xavier Trias** (Convergencia i Unió) a laissé la place à **Ada Colau**, militante pour la défense des victimes des crédits hypothécaires durement touchés lors de la crise immobilière.

DES CHANTEURS

Née à l'époque de Franco, sous l'égide du Valencien **Raimon**, la **Nova Cançó** a beaucoup fait pour la diffusion du catalanisme auprès d'une jeunesse qui s'exprimait peu en catalan. Parmi ses chanteurs emblématiques, deux ont acquis une stature internationale. Il s'agit de **Lluís Llach** (1948) dont la chanson *L'Estaca* a eu un retentissement exceptionnel, et de **Joan Manuel Serrat** (1943), enfant de Poble Sec, qui a mis en musique le poète Joan Salvat-Papasseit…

DES ÉCRIVAINS

L'écrivain barcelonais par excellence reste **Manuel Vázquez Montalbán** qui nous conduit sur les pas de son détective, gourmet et désabusé, dans les bas-fonds de la ville et dans certains restaurants, livrant au passage des recettes catalanes. Il faut lire également *La Vérité sur l'affaire Savoltà* et *La Ville des prodiges* d'**Eduardo Mendoza**, romans mettant en scène avec verve les transformations politiques, sociales et urbaines de la cité lors de la révolution industrielle, ou, dans un autre genre, les hilarantes aventures d'un détective extrait d'un hôpital psychiatrique pour mener des enquêtes *(Le Labyrinthe aux olives, Le Mystère de la crypte ensorcelée)*.

Ne manquez pas non plus les romans parfois doux amers de **Juan Marsé**, aujourd'hui reconnu (par le prix Cervantès) comme un des plus grands prosateurs de langue castillane. Enfin, vous pouvez choisir comme cicérone **Carlos Ruiz Zafón** qui parvient à transmettre la magie de la ville dans *L'Ombre du vent*.

UN PEINTRE

Pablo Picasso (Málaga 1881 - Mougins 1973) n'était pas barcelonais mais c'est dans cette ville, alors en plein bouillonnement créatif, que le jeune artiste s'est formé et il en a conservé assez de reconnaissance pour offrir à la cité les toiles qui ont constitué le fonds du Museu Picasso, un des plus visités aujourd'hui.

Vous retrouverez le portrait de nombreux autres Barcelonais célèbres dans les pages consacrées à l'art et l'architecture (p. 140) et la littérature et la musique (p. 150).

Gaudí, l'architecte d'une ville

*Si une personnalité symbolise Barcelone, c'est bien Gaudí. Né à Reus au sein d'une famille de chaudronniers, **Antoni Gaudí i Cornet** (1852-1926) fait ses études d'architecture à Barcelone. Pendant de longues années, il met au point un nombre considérable de systèmes et de mécanismes, montrant par là ses idées révolutionnaires en matière d'architecture, surtout en ce qui concerne la finition d'intérieurs. C'est entre 1900 et 1917, donc après la rencontre d'**Eusebi Güell**, son mécène, que Gaudí se montre le plus novateur : il développe alors un style personnel et mène à bien ses projets les plus aboutis : le Park Güell (1900-1914), la Casa Milà (1906-1910) et la Casa Batllò (1904-1906). De 1918 à sa mort tragique – il périt écrasé sous un tramway –, il se consacre à la Sagrada Família, cherchant à harmoniser les aspects symboliques de l'église et sa future fonctionnalité. Son attitude face à l'architecture témoigne d'une volonté de perfection absolue mêlée à un sentiment nationaliste très fort.*

Fiers d'être catalans

« MÉS QUE UN CLUB »...

Plus qu'un club, le FC Barcelona (ou *Barça* pour les intimes) est l'affirmation de la fierté catalane. Avec plus de 150 000 *socios*, à la fois abonnés et actionnaires, et un stade immense (le **Camp Nou**), le club *Blaugrana* (bleu et rouge) n'avait pourtant rien pour devenir cette institution catalane : il fut fondé en 1899 par des Anglais et des Écossais et dirigé par un banquier suisse, **Johann Gamper**. Mais les classes populaires constituèrent bientôt l'essentiel des *culés* (les supporters du club doivent ce sobriquet à leurs lointains ancêtres qui assistaient aux matchs assis sur des gradins à claire-voie, dévoilant leurs postérieurs aux passants), et l'équipe cristallisa rapidement la fierté catalane... au point d'être dissoute en 1929 par le dictateur Miguel Primo de Rivera. Une rivalité incessante avec l'autre star espagnole, le Real Madrid, un palmarès prestigieux, des entraîneurs (Helenio Herrera, Johann Cruiff, **Pep Guardiola** ou, aujourd'hui Luis Enrique) et des joueurs de légende (le Hongrois László Kubala, l'Argentin Diego Maradona) entretiennent le mythe. Aujourd'hui, le trio d'attaque, Lionel Messi, Luis Suárez et Neymar, ou les défenseurs Andrés Iniesta et Gerard Piqué nourrissent la ferveur autour d'une équipe au jeu efficace et élégant, couronnée en 2016 par un double titre de champion d'Espagne et de vainqueur de la coupe du Roi. Inutile de dire qu'à côté, l'autre club de la ville, le RCD Espanyol, fait pâle figure... Mais le *Barça*, ce n'est pas que le foot : les équipes de basket, handball ou hockey sur glace enflamment également les Barcelonais.

... ET PLUS QU'UNE DANSE...

Loin du folklore, la **sardane** est une affirmation de l'identité catalane, au point qu'elle était très mal vue sous le régime franquiste.
Elle se danse en formant de vastes cercles où les danseurs se tiennent par la main (sauf dans le cas de la sardane « ouverte ») et réunit des couples (la danseuse toujours à la droite du danseur), qu'il convient de ne pas séparer. Elle combine des pas sautés, la position des mains, basses ou à hauteur des épaules, marquant les trottés courts ou longs.
La musique est interprétée par des instruments à vent : *flabiol* (sorte de chalumeau), *tamborí* (tambourin), *tibles* (petits hautbois au timbre champêtre), *tenores* (grands hautbois graves), qui n'existent qu'en Catalogne, auxquels s'ajoutent trompettes, *fiscornes* (puissants barytons), trombone et contrebasse, l'ensemble constituant une **cobla**, groupe de douze instruments, codifié par un musicien de Figueres, **Pep Ventura**. On danse généralement le dimanche, devant la cathédrale.

Gastronomie

Les Catalans se targuent d'être de fins gourmets et oscillent entre une cuisine du terroir très méditerranéenne et les recherches avant-gardistes de la « cuisine moléculaire »...

PRIORITÉ AU TERROIR

L'élément de base, c'est l'huile d'olive. Pour le reste, le territoire offre une grande variété de produits : le poisson, omniprésent ; les fruits et les légumes des plaines, les champignons, le gibier et les fromages des montagnes composent, avec les charcuteries, la base de tout repas catalan qui se respecte.
Les **charcuteries** sont aussi variées que savoureuses : outre le jambon et les saucisses, vous trouverez des saucissons (**llonganissa, fuet**), ainsi que des boudins (**botifarres**), blancs ou noirs.

QUELQUES SPÉCIALITÉS

Frits, l'oignon, l'ail et la tomate sont les composants de base d'un grand nombre de plats catalans.
Le poivron et l'aubergine au four donnent la **escalivada** et, frits avec une courgette, la **samfaina**. Si vous le pouvez, dégustez des **calçots**, une variété d'oignons doux, cuits à la braise et servis avec une sauce, la **salsa romesco**.
Les **poissons** sont consommés grillés, frits ou en sauce, comme le **suquet de peix**. Le **xató** est une salade d'anchois et de thon, tandis que la **esqueixada** est une salade à base de morue.
Le riz cuisiné occupe une grande place : **arrós rossejat** ou **arrós negre**.
Parmi les viandes, souvent servies avec l'**alli-i-oli**, une curiosité, le **lapin au chocolat**... Roborative, la **escudella i carn d'olla** est un pot-au-feu mêlant des légumes et plusieurs viandes.
Le roi des desserts est la **crema catalana** (crème brûlée), mais aussi le **mel i mató** (fromage blanc au miel), et les pâtisseries : **cocas**, **pa de pessic** ou **carquinyolis**...
Bien entendu, vous arroserez cela de vin : la Catalogne a une tradition vinicole bimillénaire et ses vins sont protégés sous neuf appellations d'origine contrôlée (D.O.), celles de l'**Empordá** et du **Penedés** étant les plus connues. Enfin, nous aurons garde de ne pas oublier le **cava**, vin mousseux de qualité, élaboré selon la méthode champenoise traditionnelle.

Catalanissime...
*Rien de plus savoureux ni de plus simple que le **pa amb tomàquet**, tranche de pain de pays, couverte de tomates et assaisonnée d'huile d'olive et de sel ! Vous pourrez le consommer seul ou en l'accompagnant de charcuterie, voire d'une omelette. Un régal !*

Littérature, musique et cinéma

LITTÉRATURE

Au 12e s. apparaissent les premières œuvres littéraires en catalan. La prose catalane est née avec **Ramón Llull** (1233-1315) et la poésie lyrique a eu pour principale figure, au 15e s., **Ausiàs March** (1400-1459), qui abandonna le provençal au profit du catalan. **Bernat Metge** (1340-1413), auteur de *Lo Somni* (*Le Rêve*, 1399) est un prosateur de qualité. Le roman chevaleresque a donné une œuvre emblématique, *Tirant lo Blanc*, signée par **Joanot Martorell** (1413-1468), tandis que *L'Espill* (*Le Miroir*), de **Jaume Roig** (1400-1478), peut être considéré comme le précurseur du roman picaresque.

La Renaixença et le catalanisme

Après trois siècles de silence, la montée de la bourgeoisie catalane s'accompagne d'un renouveau culturel, la **Renaixença**, dont **Bonaventura Carles Aribau** (1798-1862) est le symbole. Les grands poètes du siècle sont **Jacint Verdaguer** (1845-1902) et **Joan Maragall** (1860-1911). Le dramaturge **Àngel Guimerà** (1845-1924) connaît la popularité grâce à *Terra Baixa (1897)*. Au 20e s., l'essor du catalanisme s'accompagne de la naissance du **noucentisme** dont le « pape » est le polémiste **Eugeni d'Ors** (1881-1954), tandis que **Pompeu Fabra** (1868-1948) pose les bases du catalan moderne. Jusqu'à la Guerre civile, la littérature catalane vit un apogée, avec notamment le poète avant-gardiste **Joan Salvat-Papasseit** (1894-1924), tandis que **Victor Català** (1869-1966) signe en 1906 *Solitud,* le premier grand roman moderne catalan, sans oublier **Josep Pla** (1897-1981).

Déclin et renouveau

La prohibition de la langue catalane après la Guerre civile contraint les écrivains catalans à l'exil dont **Mercè Rodoreda** (*La Place du diamant*, 1960). Le renouveau s'amorce dans les années 1960. Citons **Joan Sales** (*Gloire incertaine*, 1956) et **Manuel de Pedrolo**, et plus tard **Quim Monzó** *(Le Meilleur des mondes)*, **Montserrat Roig**

Le catalan

Langue officielle depuis 1983, le catalan est une langue romane proche de l'occitan, dont l'usage s'est étendu au moment des grandes conquêtes de la royauté aragonaise. Il est aujourd'hui parlé dans toute la Catalogne, mais aussi, avec des particularités, dans la majeure partie de la Communauté valencienne, en Andorre, aux Baléares et en Roussillon.

(Le Chant de la jeunesse) et **Ferran Torrent** *(Contre les cordes)* ou le poète **Pere Gimferrer**.
Mais les écrivains s'expriment aussi en castillan. C'est le cas de **Juan Goytisolo** *(Juan sans terre)*, de **Carmen Laforêt** dont le roman *Nada* (1944) décrit l'atmosphère pesante des années franquistes à Barcelone, d'**Eduardo Mendoza** qui a superbement raconté l'essor de la cité dans *La Ville des prodiges* (1986) ou de **Juan Marsé** *(Boulevard du Guinardó)*. **Manuel Vázquez Montalbán**, avec son détective gourmet Pepe Carvalho, fait de Barcelone une des capitales du roman noir. **Francisco González Ledesma** *(Les Rues de Barcelone)* cultive cette même veine. Le roman populaire s'est enrichi en 2006 de *L'Ombre du vent*, de **Carlos Ruiz Zafón**, tellement lié à la ville que des circuits sont organisés autour des lieux décrits dans le roman. Plus exigeant est **Enrique Vila Matas** *(Le voyage vertical)*, récompensé par la critique internationale. Citons également *La Cathédrale de la mer*, d'**Ildefonso Falconés**, fresque historique relatant la construction de Santa Maria del Mar.

MUSIQUE

La musique catalane, de tradition très ancienne, a donné le magnifique *Cant de la Sibil.la*, magistralement restitué par **Jordi Savall** (1941).
Parmi les compositeurs, on aura garde de ne pas oublier **Pau Casals** (1876-1973), mais aussi **Fernando Sor** (1778-1839). Le pianiste **Tete Montoliu** (1933-1997) a quant à lui donné ses lettres de noblesse au jazz barcelonais.
La présence du théâtre du Liceu a développé chez les Barcelonais un vif intérêt pour l'**opéra**. Parmi les artistes qui y ont été formés, citons la soprano **Montserrat Caballé** (1933), qui s'est distinguée par son interprétation de *Lucrèce Borgia*, et sa fille, **Montserrat Martí** (1972), qui marche sur ses traces ; le célèbre ténor **José Carreras** (1946) ; **Victoria de los Ángeles** (1923-2005), soprano à la tessiture pure et souple qui révéla toutes ses qualités dans les *lieder*, et le ténor **Jaume Aragall** (1939).

UN CINÉMA EXIGEANT

Dans les années 1960 apparaît un cinéma catalan non conventionnel qui fait les beaux jours des festivals… Parmi les grands noms s'impose **Pere Portabella** (né en 1929), auteur de films exigeants (*Nocturno 29*, 1962, *Le Silence de Bach*, 1997). L'**École de Barcelone**, influencée par la Nouvelle Vague française, a eu pour film-manifeste *Dante n'est pas uniquement sévère*, réalisé en 1966 par **Joaquim Jordá** (1935-2006).
Depuis lors, les cinéastes catalans ont su cultiver leur originalité ; citons **Ventura Pons** (*Ami-amant*, 1997, *Barcelona (un mapa)*, 2007), **Marc Recha** (*L'Arbre aux cerises*, 1999) et **Albert Serra** *(Le Chant des oiseaux*, 2008*)*.
Barcelone a également inspiré Cédric Klapisch (*L'Auberge espagnole,* 2002) et Woody Allen (*Vicky, Cristina, Barcelona,* 2008) et a donné un des acteurs en vogue au cinéma français d'aujourd'hui, **Sergi López** (1965).

P

U-V

W

X

Z

Collection Le Guide Vert sous la responsabilité de Philippe Orain

Édition	Léonie Piraudeau, Sandrine Favre, Florence Dyan
Rédaction	Christine Barrely, Sandrine Favre, Matilde Miñon Marqua, María Guttiérez-Alonso, Guylaine Idoux, Hervé Kerros, Sarah Larrue, Sarah Parot, Pierre Plantier
Cartographie	Géraldine Deplante, Iulia-Elena Costache, Theodor Cepraga, Thierry Lemasson, Daniel Duguay Plans de ville : © MICHELIN et © 2006-2016 TomTom. All rights reserved.
Iconographie	Maria Gaspar, Sophie Roques
Remerciements	Carole Diascorn, Hervé Dubois, Pascal Grougon, Véronique Aissani Emmanuelle Poiret et Agnès Julià (Tourisme de la Catalogne), Montse Planas (Barcelona Turisme)
Conception graphique	Laurent Muller (couverture et maquette intérieure)
Régie publicitaire et partenariats	business-solutions@tp.michelin.com Le contenu des pages de publicité insérées dans ce guide n'engage que la responsabilité des annonceurs.
Contacts	Michelin Guides Touristiques 27 cours de l'Île-Seguin, 92100 Boulogne-Billancourt Service consommateurs : tourisme@tp.michelin.com voyages.michelin.fr **Parution 2018**

Crédits photographiques p. 4-5
(de gauche à droite et de haut en bas)

Facto Foto/age fotostock
B. Gardel/hemis.fr
K. Kozlowski/age fotostock
R. Campillo/age fotostock
C. Martínez/age fotostock
Nusko Ulrich/Prisma/age fotostock/© Successió Miró/La Caresse de l'oiseau/ADAGP, Paris 2017
L. Vallecillos/age fotostock
M. Sjöberg/age fotostock
B. Gardel/hemis.fr
M. Soler/age fotostock

Michelin Travel Partner

Société par actions simplifiées au capital de 11 288 880 EUR
27 cours de l'Ile-Seguin - 92100 Boulogne-Billancourt (France)
R.C.S. Nanterre 433 677 721

Dépôt légal : 08-2017 – ISSN 0293-9436
Compograveur : Michelin Travel Partner, Boulogne-Billancourt
Imprimeur : Geers Offset, Gent (Belgique)
Imprimé en Belgique : 08-2017

Usine certifiée 14001
Sur du papier issu de forêts gérées durablement (100 % PEFC)